BUSINESS-KNIGGE

Weltweit erfolgreich auftreten

Compact Verlag

Bisher sind in dieser Reihe erschienen:
- Aphrodisiaka – Die besten Liebesmittel von A–Z
- Dating Guide – Die besten Tipps für Singles
- Job-Food – Gesunde Ernährung für Berufstätige

© 2005 Compact Verlag
Alle Rechte vorbehalten. Nachdruck, auch auszugsweise,
nur mit ausdrücklicher Genehmigung des Verlages gestattet.
Alle Angaben wurden sorgfältig recherchiert, eine Garantie
bzw. Haftung kann jedoch nicht übernommen werden.
Text: Karla Wessolek
Chefredaktion: Evelyn Boos
Redaktion: Angela Schmid
Produktion: Wolfram Friedrich
Titelabbildung: Mauritius GmbH
Typografischer Entwurf: Axel Ganguin
Umschlaggestaltung: Axel Ganguin

ISBN 3-8174-5928-9
5259281

Besuchen Sie uns im Internet: www.compactverlag.de

Vorwort ... 4

Topfit im Business ... 5
So machen Sie eine gute Figur ... 6
Anrede, Begrüßung, Vorstellung ... 11
Bitte, Danke, Entschuldigung ... 14
Arbeitsessen im Restaurant ... 15
Weitere Umgangsformen ... 20

International unterwegs ... 23
Werte weltweit ... 24
Andere Länder, andere Kulturen ... 30

Weltweit erfolgreich auftreten ... 36
Westeuropa ... 37
Osteuropa ... 48
Nordeuropa ... 62
Südeuropa ... 71
Der Nahe und Mittlere Osten ... 81
Afrika ... 98
Asien ... 113
Amerika ... 144
Australien und Neuseeland ... 157

Register ... 159

Vorwort

Die Welt ist klein geworden. In relativ kurzer Zeit jetten wir um den Erdball, wechseln Länder, Temperaturen und Mitmenschen.

Was für den Privatmann gilt, trifft umso mehr auf den Geschäftsmann zu. Heute Schweiz, morgen Japan, nächste Woche die Vereinigten Staaten. Dienstreisen ins Ausland gehören heute zum Standard. „Toll", jubeln Sie? Ist es auch. Aber nur für den, der sich mit den Eigenarten seines Gastgeberlandes wenigstens ein bisschen auskennt. Sonst kann die Reise zum Höllentrip werden und das geplante Geschäft zur Seifenblase.

Trotz aller Annäherung in einer globalisierten Welt gibt es noch immer Feinheiten, die den kleinen Unterschied machen. Was ist „very british", worauf sollte man in Mexiko achten, was geht in Indien gar nicht?

Dieser Ratgeber nimmt Sie mit auf eine rasante und spannende Weltreise. Sie lernen die Mentalität wichtiger Länder auf allen Kontinenten kennen und erfahren schnell und kompakt alles über Tischsitten, Bekleidungsvorschriften, Tabus und vieles mehr, um zielsicher jedes Fettnäpfchen umschiffen zu können.

TOPFIT IM
BUSINESS

Erinnern Sie sich noch, als Sie den Abschluss in der Tasche hatten? Sie waren voller Ideale, wollten sich nicht verbiegen. Auch nicht für einen guten Job. Vielen Menschen geht es jedenfalls so. Schön, wenn man sich etwas von dieser Einstellung bewahren kann. Aber ein bisschen Anpassung tut Not.

Es gibt vor allem im Berufsleben einfach Dinge, die nicht gehen. Wer mit Piercing und im Gammellook herumlaufen will, ist in der Vorstandsetage eines Großkonzerns nun einmal nicht richtig aufgehoben. Das gilt auch für das Verhalten. Bestimmte Dinge tut man nicht. Damit jeder trotz unterschiedlicher Empfindungen weiß, was okay ist und was nicht, gibt es Regeln. Genau wie im Straßenverkehr sorgen diese Regeln dafür, dass jeder die Chance hat, alles richtig zu machen. Unabhängig davon, ob man nun jede einzelne Richtlinie versteht oder gut findet – man fühlt sich einfach besser.

So machen Sie eine gute Figur

Wie bereits erwähnt, gelten im deutschsprachigen Raum Richtlinien, die auch für andere, westlich orientierte Länder Gültigkeit haben. Sie tun darum gut daran, sich mit Verhaltensregeln beim Arbeitsessen, Bekleidungsvorschriften und Tischkultur hierzulande vertraut zu machen. Wer in seiner Heimat perfekt auftritt, hat auch auswärts schon halb gewonnen.

Kleider machen Leute

Strikte Kleidervorschriften gibt es nur in einigen Branchen. Wer solche Vorgaben hat oder sogar in Uniform auftreten muss, hat es eigentlich gut. Er kann kaum Fehler machen. Auf alle, die ihre Garderobe selbst aussuchen müssen, lauert der Fehlgriff. Aber ruhig Blut! Es ist gar nicht so schwer.

Generell sollten Sie darauf achten, sich lieber zeitlos und klassisch als nach der neuesten Mode zu kleiden. Zu sehr modischen Trends zu gehorchen erweckt leicht den Eindruck,

man wolle auf „betont jugendlich" machen. Eine klassische Garderobe dagegen, deren Stücke auch noch gut miteinander kombinierbar sind, passt immer, beweist Stil und schont den Geldbeutel.

Verzichten Sie unbedingt auf grelle Farben. Das schont die Augen Ihrer Geschäftspartner und rückt Sie nicht unanständig in den optischen Mittelpunkt. Gedeckte Farben wirken seriöser, strahlen mehr Kompetenz aus und passen bei jeder Gelegenheit. In der in mancher Hinsicht etwas konservativen Schweiz gilt übrigens nur ein dunkler Anzug bzw. ein dunkles Kostüm als korrekte Business-Bekleidung.

ALLES OKAY?
Checken Sie Ihr Outfit!

- ✓ Sind alle Knöpfe vorhanden und fest (lieber noch schnell festnähen)?
- ✓ Gibt es keine Löcher oder sich auflösenden Nähte?
- ✓ Ist der Stoff noch in gutem Zustand (oder ist er schon aufgeraut, ausgefranst oder hat glänzende Stellen)?
- ✓ Ist alles sauber, das heißt fleckenlos und ohne Grauschleier oder Verfärbungen?
- ✓ Ist alles tadellos glatt gebügelt?
- ✓ Sind die Schuhe geputzt?
- ✓ Sind die Absätze der Schuhe noch einwandfrei oder womöglich abgelaufen oder zerkratzt?
- ✓ Sind Bluse und Hose noch in Form? Achten Sie auf ausgeleierte Bündchen.
- ✓ Passt alles noch? Wenn die Hose über dem Po, das Hemd über dem Bauch spannt, muss das Kleidungsstück aussortiert werden.

Ladys

Eine Frau macht im Hosenanzug eine ebenso gute Figur wie in einem Kostüm. Wichtig: Unter einem Kleid oder Rock sind immer Strümpfe Pflicht, auch im Sommer, wenn es heiß ist.

Feminin elegant ist erlaubt, aufreizend sexy ist aber unpassend. Verzichten Sie darum auf durchsichtige Stoffe, ultrakurze Röcke, den tiefen Ausschnitt. Keine schulterfreien Oberteile, keine dünnen

> **TIPP** ▶ Wenn Sie dazu neigen, schnell in Schweiß auszubrechen, kaufen Sie sich ein luftiges Make-up, das Ihre Haut atmen lässt. Kajal & Co. müssen wasserfest sein, wenn Sie nicht binnen Minuten wie ein Werk von Picasso aussehen wollen.

Spagettiträgerchen! Wenigstens ein kleiner Ärmel ist Pflicht! Sie müssen deswegen ja nicht hochgeschlossen herumlaufen. Vermitteln Sie aber nicht das Gefühl, dass Sie Ihre beiden größten Qualitäten vor sich hertragen. Ein wenig Schmuck ist okay, wenn er dezent ist. Genauso verhält es sich mit dem Duft. Verwenden Sie stets ein Deodorant, darüber hinaus ist der Hauch eines Parfums erlaubt, nicht mehr.

Für das Geschäftsessen oder die Betriebsfeier darf ein wenig Make-up aufgelegt werden. Greifen Sie aber bitte nicht zu tief in die Farbpalette. Am Tag sollten eine getönte Tagescreme, ein Lidstrich und etwas schimmernde Lippenpflege reichen.

Gentlemen

Noch immer ist ein Anzug – besonders elegant zusammen mit einer Weste – oder eine Kombination aus Stoffhose und Jackett die optimale Business-Bekleidung. Wer mag, trägt eine dezente Krawatte dazu. Die ist aber nicht mehr unbedingt ein Muss.

Manschettenknöpfe können Sie übrigens getrost zu Hause lassen.

In einigen Branchen sind sogar Jeans zum schicken Hemd und Jackett gesellschaftsfähig geworden. Tipp: Beobachten Sie die in der Hierarchie oben agierenden Herren Ihrer Branche. Tragen die Jeans, dann dürfen Sie das auch tun. Anzüge sind im Laufe der Jahre legerer geworden. So ist im Sommer ein schicker Leinenanzug völlig okay.
Schuhe und vor allem Strümpfe müssen farblich absolut zur Hose passen. Am besten gleich als Kombination zum Anzug passend kaufen!
Grelle Farben für Oberhemd oder Krawatte sind nicht angesagt.

Anrede, Begrüßung, Vorstellung

Anrede

Während man im englischsprachigen Raum nur das „Du" kennt, ist in deutschsprachigen und vielen anderen Ländern das „Sie" für den beruflichen Umgang gebräuchlich. Innerhalb bestimmter Firmen kann dazu der Vorname genannt werden. Selbst, wenn das in Ihrem Betrieb so üblich ist, klopfen Sie Ihrem Geschäftspartner deshalb bitte nicht vertraulich auf den Rücken und sprechen ihn mit Vornamen und „Sie" an.

Solange der Ältere oder der in der Hierarchie höher Stehende nichts anderes anbietet, werden immer der Titel und der Nachname des Gegenübers genannt. Führt jemand mehrere Titel, brauchen Sie nur den ersten zu erwähnen.

Begrüßung

Die Begrüßung per Handschlag ist in unseren Breitengraden üblich (außer unter Kollegen am Arbeitsplatz). Kommen Geschäftspartner zu Besuch oder trifft man sich zum Arbeitsessen, dann grüßt derjenige, der den Raum betritt. Der Höchstrangige reicht eigentlich die Hand zum Gruß. Tut er das nicht, kann das aber auch der „kleine Angestellte" übernehmen. Auch Österreicher geben einander die Hand. Wogegen in Wien der Handkuss noch nicht ausgestorben ist.

Vorstellung

Grundsätzlich gilt: Stellen Sie immer zuerst den in der Hierarchie niedriger Stehenden dem weiter oben ange-

>
> **INFO**
> Sind die jeweiligen Partner bei einem geschäftlichen Anlass ebenfalls anwesend und werden vorgestellt, nennt man ausschließlich deren Namen. Es ist völlig veraltet, eine Dame mit „Frau Dr." vorzustellen, wenn nur ihr Mann den Titel führt.
> Ganz anders in Österreich. Dort gehört genau dies noch immer zum guten Ton.

siedelten Mitarbeiter vor, beziehungsweise die jüngere Person der älteren. Wenn zwei sich miteinander bekannt machen müssen, ist es auch der Standesniedrigere, der sich dem anderen zuerst vorstellt.

Wenn Sie zwei Menschen miteinander bekannt machen, nennen Sie sie, wie bei der Anrede, mit Nachnamen und Titel.

Stellen Sie sich jedoch selbst vor, dann ist es vielmehr angebracht, dass Sie Ihren Dr. oder Professor weglassen. Andernfalls könnte es großspurig wirken.

Bitte, Danke, Entschuldigung

Wenn Ihnen ein Kollege oder Geschäftspartner bei Tisch etwas reichen soll, benutzen Sie natürlich das Wort mit den zwei „t". Aber bitte das richtige! „Geben Sie mir mal das Brot. Aber flott!" kommt eher schlecht! „Würden Sie mir bitte das Brot reichen?" zeugt von guter Kinderstube. Die kleinen Worte Bitte und Danke kommen nie aus der Mode.
Das gilt auch für Entschuldigungen. Wenn Sie registrieren, dass Sie jemanden angerempelt haben oder ihm ins Wort gefallen sind, dann sollten Sie sich immer umgehend entschuldigen.

Dasselbe sollte auch bei Patzern selbstverständlich sein. Ihre Unterlagen für ein Meeting sind unvollständig? Sie haben Ihrem Geschäftspartner kein Zimmer gebucht? Murmeln Sie nicht, wie heute gern üblich, irgendwelche Rechtfertigungen. Wenn Sie wirklich keine Schuld trifft, können Sie kurz erklären, wie eine unglückliche Situation zustande gekommen ist. Trotzdem drücken Sie dafür nicht nur Ihr Bedauern aus, sondern entschuldigen sich auch unmissverständlich. Bei Kleinigkeiten dürfen Sie danach zur Tagesordnung übergehen, um Souveränität zu zeigen und die Peinlichkeit auszubremsen. Im Falle fehlender Unterlagen oder eines nicht gebuchten Zimmers sollten Sie allerdings sehr schnell zusätzlich etwas unternehmen, um den Schaden zu beheben oder wenigstens in Grenzen zu halten.

Arbeitsessen im Restaurant

Vor dem Essen

Auch, wenn es altmodisch klingt: Der Herr hält der Dame die Tür auf und lässt sie zuerst eintreten. Ebenso ist es wieder „in", wenn Er Ihr aus der Jacke hilft. Vermeiden Sie dabei „Emanzenalarm" und fragen Sie, ob Sie aus dem Mantel helfen dürfen. Dürfen Sie, ist es bestimmt auch in Ordnung, ihr den Stuhl zurechtzurücken. Am Ende des Abends holen die Männer sämtliche Mäntel von der Garderobe, schlüpfen zunächst in den eigenen und helfen dann den Frauen in die Jacke.

Wenn nicht ein bestimmtes Menü vorbestellt ist, wählt jeder à la carte. Vorschläge vom Chef nach dem Motto: „Ich empfehle Ihnen …" müssen nicht angenommen werden. Aber: Sehen Sie auf der Karte nach, was das empfohlene Gericht bzw. Menü gekostet hätte. Wenn Sie etwas anderes essen möchten, sollte es preislich

STILSICHER AN TISCH UND TAFEL
Die wichtigsten Regeln

Ihnen graut vor einem offiziellen Mehr-Gänge-Menü in einem Edelrestaurant? Keine Sorge, wenn Sie die folgenden Punkte beherzigen, kann nichts schief gehen.

→ Die Gläser werden von rechts nach links, das Besteck von außen nach innen verwendet.
→ Beide Hände gehören auf den Tisch. Allerdings nur die Hände, nicht der gesamte Unterarm!
→ Ein Glas wird stets am Stiel angefasst. Ist keiner vorhanden, das Trinkgefäß im unteren Drittel festhalten.
→ Mit den Getränken wird grundsätzlich gewartet, bis der Gastgeber einen Toast ausbringt oder zumindest sein Glas erhebt.
→ Oft wird mit einem Aperitif angestoßen. Es darf aber auch mit Wasser zugeprostet werden.
→ Wenn die Nase läuft: Wenden Sie sich leicht ab und schnäuzen Sie leise und dezent. Benutzen Sie dazu keinesfalls die Serviette!
→ Bei einem Hustenanfall kurz um Entschuldigung bitten und den Raum verlassen.
→ Kein Gebrauch des Zahnstochers hinter vorgehaltener Hand!

nicht höher liegen als das vom Chef Vorgeschlagene. Sonderwünsche sind okay, wenn sie sich im Rahmen halten. Reis statt Pommes beweist, dass Sie Wert auf gesunde Ernährung legen. Es ist dagegen unhöflich, die Karte über den Haufen zu werfen und ein völlig neues Gericht zu kreieren.

Zu essen begonnen wird eigentlich erst dann, wenn alle etwas zu essen vor sich stehen haben. Das kann bei großen Gesellschaften lange dauern. Höflicherweise fordern diejenigen, die noch warten müssen, die anderen zum Beginnen auf.

Gewusst wie bei Tisch
- Brot: Das Brottellerchen zu Ihrer Linken gehört Ihnen. Brechen Sie jeweils ein mundgerechtes Stückchen ab, das Sie mit Butter oder Schmalz bestreichen können, wenn Sie mögen.
- Suppe: Nur eine kleine Menge auf den Löffel nehmen und nicht pusten. Der Löffel wird mit der Spitze an die Lippen geführt.
- Pastete: Sie wird mit der Gabel ohne Messer gegessen.
- Nudeln: Auch sie werden nur mit der Gabel verspeist. Ein Löffel darf bei Spagetti zu Hilfe genommen

werden. Außer, Sie befinden sich in Italien. Achtung: Wickeln Sie immer nur wenige Nudeln komplett auf.
- Kartoffeln: Werden immer mit der Gabel (nicht mit dem Messer!) zerteilt. Bloß nicht zerquetschen!
- Salat: Schneiden Sie große Blätter lieber, bevor Sie sich diese mitsamt Dressing mühevoll in den Mund stopfen.
- Geflügel: In aller Regel wird Geflügel – genau wie anderes Fleisch – mit Messer und Gabel gegessen. Stehen Wasserschälchen mit Zitronenscheibe auf dem Tisch, kann das ein Hinweis darauf sein, dass Sie die Finger benutzen dürfen.
- Fleisch: Schneiden Sie immer nur ein Stück ab und essen es dann sofort. Niemals das gesamte Fleisch in mundgerechte Happen schneiden, bevor Sie zu essen beginnen.
- Fisch: Ihn schneidet man nicht, sondern teilt mit dem Fischmesser ein Stück ab und schiebt es, wenn vorhanden, von den Gräten.
- Muscheln: Geschlossene bleiben liegen. Lösen Sie mit der Gabel das Fleisch aus einer Muschel, essen es und verwenden die Schale als Zange für das weitere Essen.
- Austern: Sie müssen mit einem Austernmesser geöffnet und aus der Schale gelöst werden. Halten

Sie die Auster gerade, damit die enthaltene Flüssigkeit in der Schale bleibt. Darm (ein kleiner dunkler Fleck) und Bart entfernen, das Fleisch mit Zitrone beträufeln und aus der Schale schlürfen.
- Hummer: Für die Scheren haben Sie eine Hummerzange und eine Hummergabel bereit liegen. Brechen Sie die Scheren mit der Zange auf und holen das Fleisch mit der Gabel heraus. Die Beine bricht man am Gelenk und lutscht sie aus. Das größte im Schwanz befindliche Stück kann leicht mit dem Fischbesteck zerteilt werden.
- Krabben und Krebse: Mit Daumen und Zeigefinger der linken Hand greifen Sie den Kopf der Krabbe, mit der rechten den Rest. Drehen und biegen Sie nun vorsichtig, bis der Panzer in der Mitte bricht. Auseinanderziehen und das Fleisch mit der Gabel essen. Krebse zerlegt man mithilfe eines Krebsmessers. Sie dürfen aber in die Hand genommen werden.
- Schnecken: Legen Sie sich die Schnecke mit der Zange auf den Teller. Mit einer speziellen Gabel wird das Fleisch aus dem Gehäuse geholt und direkt verspeist oder erst auf einen Löffel gelegt und dann gegessen.
- Früchte: Sie werden mit dem Obstbesteck gegessen,

das heißt geschält, vom Gehäuse befreit und in Stücke geschnitten. Trauben, Kirschen und Pflaumen dürfen mit den Fingern gegessen werden. Kirsch- oder Pflaumenkerne lässt man in die hohle Hand rutschen, die vor den Mund gehalten wird, und dann aus geringer Höhe auf den Teller fallen. Traubenkerne isst man mit. Orangenscheiben dürfen Sie in die Hand nehmen.

Weitere Umgangsformen

Pünktlichkeit

Pünktlichkeit ist die Höflichkeit der Könige, sagt man. Das gilt sowohl im Geschäftsleben als auch im privaten Bereich. Peilen Sie immer an, fünf Minuten vor dem vereinbarten Termin zur Stelle zu sein. Klappt das einmal nicht, weil eine Straße gesperrt ist, ein Zug nicht fährt oder was auch immer es sein mag – geben Sie dem

Wartenden Bescheid und entschuldigen Sie sich! Notfalls müssen Sie einen neuen Termin vereinbaren.

Verschwiegenheit

Verschwiegenheit sollte eine Selbstverständlichkeit sein. Fakten, die den Betriebsablauf betreffen, werden natürlich sofort an die Kollegen weitergegeben. Kommunikation ist für eine gute Zusammenarbeit dringend nötig. Das Herumtratschen von Gerüchten, Geheimnissen oder Beschreibungen peinlicher Begebenheiten gehört aber definitiv nicht in diese Kategorie.

Handys

Handys gehören für viele Menschen zum Arbeitsalltag. Man kann sie aber auch ausschalten. Bei Geschäftsessen, Einladungen, Veranstaltungen und auch Vorträgen und Besprechungen sollte man das sogar unbedingt. Schwerwiegende private Gründe können Ausnahmen zulassen. Es wiegt

jedoch keinesfalls schwer, wenn Ihr Partner sich allein zu Hause nicht entscheiden kann, was er einkaufen soll! Sind Sie in Gesellschaft und können auf das Mobiltelefon trotzdem nicht verzichten, schalten Sie zumindest den Ton aus.

Rauchen

Das Rauchen kann man sich nicht für die Arbeitszeit abgewöhnen. Nichtraucherbereiche sind aber unbedingt zu akzeptieren.

Beim Essen gilt: Von dem Moment an, in dem das erste Getränk serviert wird, bis zum letzten verspeisten Dessert ist es unhöflich, zu qualmen. Zum Kaffee kann eine Zigarette okay sein. Fragen Sie aber vorher unbedingt, ob es jemanden stört.

Trinkgeld

Trinkgeld ist im Dienstleistungsbereich ein Zeichen von Höflichkeit. Der Taxifahrer, die Kellnerin, die Mitarbeiter im Hotel bekommen es als Anerkennung. 10 bis 15 Prozent der Rechnung sind dabei ein guter Richtwert, es können bei einer niedrigen Rechnung aber auch einmal bis zu 15 Prozent sein. Nur besonders schlechte bzw. besonders gute Leistungen kommentiert man, indem man deutlich unter bzw. über den Richtlinien bleibt.

INTERNATIONAL
UNTERWEGS

Ein sehr großer Teil der beschriebenen Regeln und Richtlinien trifft auch im Ausland zu. Selbst in Ländern, die uns exotisch erscheinen. Das liegt zum einen Teil sicher an der Globalisierung. Es liegt aber auch daran, dass einige menschliche Werte einfach universell sind. Es gehört sich nicht, jemanden zu beleidigen. Weder in Europa noch sonst irgendwo auf der Welt. Andererseits tauchen doch erstaunliche Unterschiede auf.

Werte weltweit

Bestimmte Größen und Werte machen das Leben eines jeden Einzelnen aus. Niemand findet es witzig, wenn sich ein anderer darüber lustig macht. Jeder möchte, dass Ansichten und Überzeugungen die einem selbst wichtig sind, auch von anderen respektiert werden.
Wichtige Werte sind in unterschiedlichen Kulturen durchaus nicht immer die gleichen. Ein Beispiel: In westlich orientierten Ländern ist es inzwischen gesellschaftstauglich, wenn zwei Menschen unterschiedlichen Geschlechts zusammen leben, ohne verheiratet zu sein. Auch gleichgeschlechtliche Beziehungen sind weitgehend akzeptiert. In anderen Kulturkreisen dagegen ist das undenkbar. Die Auswahl des Ehepartners durch die Eltern kann dort üblich, vorehelicher Geschlechtsverkehr dagegen ein wahres Drama sein.
Zeigen Sie deshalb viel Fingerspitzengefühl, wo auch immer in der Welt Sie sich befinden, indem Sie die Werte des Gastlandes respektieren und tolerieren, und nicht versuchen, ihre Gastgeber zu „missionieren".

Patriotismus
Jedes Land hat seine Sprache. In Ihren Ohren mögen die vielen „Ä" und „Ö" im Finnischen vielleicht amüsant klin-

gen. Für Finnen sind sie völlig normal. Lesen Sie also nicht lautstark einzelne Wörter vor, um sich anschließend vor Vergnügen auf die Schenkel zu klopfen. Man wird es Ihnen nicht als freundlichen Humor auslegen.
Besonders Namen sind kein Anlass für zur Schau gestellte Belustigung. Reißen Sie sich zusammen, wenn ein Geschäftspartner mit für Ihren Geschmack komischem Namen vorgestellt wird. Sie haben ja keine Ahnung, wie Ihr Name unter Umständen in den Ohren des Gegenübers klingen mag.

> **TIPP** ▶ Dass übertrieben zur Schau gestellter Nationalstolz gerade Deutschen übel genommen werden kann, hat sich wohl herumgesprochen. Aber auch das Gegenteil kommt nicht gut an. Machen Sie Ihr Land nicht schlecht. Das ist fast überall im Ausland verpönt.

Auch Nationalhymne und Folkloreveranstaltungen sind ein absolutes Tabu, wenn es darum geht, sich über etwas zu belustigen. Ein dicker tanzender Schotte im Kilt kann ein ziemlich witziges Bild abgeben. Lächeln Sie ihm freundlich zu, lachen Sie ihn aber niemals aus und starren Sie nicht auf seine Waden oder unter den Rock!

Äußerlichkeiten

Der eben erwähnte Schottenrock kann Ihnen bei Besuchen in der entsprechenden Region tatsächlich begegnen. Auch in einigen asiatischen Ländern tragen Männer Rock, den so genannten Sarong. Zu Besprechungen werden Ihre Partner vermutlich im Ihnen bekannten Business-Look erscheinen. Haben Sie es aber mit Bewohnern ländlicher Regionen zu tun oder sind nach Hause eingeladen, sind traditionelle Gewänder nichts Ungewöhnliches. Dumme Bemerkungen oder Fragen, was der Herr denn unter dem Rock trägt, sind absolut fehl am Platz. Es will ja auch niemand wissen, was sich unter Ihrer Hose verbirgt.

Auch traditionelle Kopfbedeckungen, Haarmoden oder Bemalungen nehmen Sie am besten nur zur Kenntnis, ohne Bemerkungen darüber zu machen. Vermeiden Sie es auch, ständig auf den Kopf oder geschminkte Hände zu starren.

Sie sollten außerdem wissen, dass es in einigen Ländern, beispielsweise im asiatischen Raum, an der Tagesordnung ist, stark gewürzte Speisen zu essen. Während es in Westeuropa als unhöflich gilt, Zwiebeln oder Knoblauch vor einer Besprechung zu verzehren, ist das woanders kein Problem und es fühlt sich auch niemand belästigt. Verziehen Sie also in solchen Fällen keine Miene und verlieren Sie auch keinesfalls ein Wort darüber. In Indien, Sri Lanka oder Nepal tragen Männer den Nagel des kleinen Fingers gern lang. Dem Durchschnitts-Europäer mag das befremdlich bis abstoßend erscheinen. In diesen Ländern widerspricht das einem gepflegten Äußeren aber nicht.

Religion und Königshaus

Zetteln Sie nicht noch einen Glaubenskrieg an. Es gab und gibt schon viel zu viele. Ob ein Gott wie ein Elefant aussieht, am Kreuz hängt oder milde lächelnd im Schneidersitz meditiert, er sollte in jedem Fall ernst genommen werden. Ebenso seine Anbetung. Es gibt fast nichts Schlimmeres, als sich über eine Religion lustig zu machen oder sie zu missachten.

Sie müssen bei dem Besuch eines Privathaushalts nicht vor einem Hausaltar niederknien. Hängen Sie aber auch nicht Ihren Hut auf die Skulptur der Gottheit.

Auch Begräbnisse sind ein häufiger Anlass für Unverständnis. Wahrscheinlich sind Sie es so gewohnt, dass in „geschlossener Gesellschaft" ein Sarg oder eine Urne beigesetzt wird. Wie fremd erscheint es da, wenn beispielsweise in Nepal der älteste Sohn der Familie den Leichnam des Verstorbenen anzündet. Wie merkwürdig finden wir es, wenn Kinder fröhlich lachend in dem Fluss herumtollen, in den gerade die Asche des Toten gestreut wird. Verurteilen Sie dieses Verhalten nicht, denn es ist nicht mit Ihren Maßstäben zu bewerten.

Falls Sie in einem Land sind, das einen König hat, werden Sie vermutlich in Büros, Ämtern und möglicherweise auch Privatwohnungen dessen Konterfei begegnen. Sparen Sie sich Witze über dessen Aussehen. Sie machen sich damit selbst dann keine Freunde, wenn Ihre Gastgeber eigentlich so denken wie Sie. Denn auch dann wird Respekt von Ihnen erwartet.

Respekt vor dem Alter

In so ziemlich jeder Gesellschaft ist die Achtung vor den Eltern und Großeltern etwas ganz Natürliches. In westeuropäischen Ländern mag davon vielleicht nicht mehr viel übrig sein, aber das ist ja auch hier regional sehr unterschiedlich.

In anderen Teilen der Welt dagegen werden alte Menschen noch immer für ihre aufgrund von Lebenserfahrungen erworbene Weisheit hoch angesehen. Sie sollten betagten Personen, die in Ihrem geschäftlichen Umfeld auftauchen, darum immer mit Hochachtung begegnen, statt sie links liegen zu lassen, weil sie in Ihren Augen ohnehin nicht mehr viel zu sagen haben. Im Gegenteil: Oft treffen sogar sie die wichtigsten Entscheidungen.

Essen

Essen hat weltweit einen hohen Stellenwert, der über das pure Sattwerden hinausgeht. Es kann auch eine symbolische oder religiöse Bedeutung haben. So verzehren katholische Christen geweihte Oblaten als Leib Christi, Juden dürfen nur koschere Lebensmittel zu sich nehmen. Machen Sie sich über jemanden, der kein Schweinefleisch essen darf, nicht lustig und versuchen Sie auf keinen Fall, ihm welches unterzuschieben oder aufzudrängen, wenn Sie der Gastgeber sind.

Möglicherweise nehmen Sie persönlich weder auf moralische noch auf religiöse Einschränkungen Rücksicht. Aber ganz bestimmt gibt es Dinge, die Sie aus gesundheitlichen Gründen oder aus Abscheu nicht anrühren würden. Stellen Sie sich einmal vor, man servierte Ihnen einen gegrillten Käfer, den Sie nur wegen des Teigmantels, in dem er steckt, nicht rechtzeitig erkennen können. Sie würden sich bestimmt scheußlich fühlen!

Lebensformen

Wie schon gesagt, ist in vielen Gesellschaften heute schon fast jede Lebensform akzeptiert. Ob zwei Frauen vor den Traualtar treten, drei Menschen in einer eheähnlichen Gemeinschaft leben oder es sich um eine Patchworkfamilie mit vier Kindern aus drei Ehen handelt, alle wollen ganz offiziell ihre Lebensform auch leben dürfen. Sie alle wollen anerkannt und ernst genommen werden. Es ist absolut menschlich, dass man für eine Form des Zusammenlebens mehr Verständnis aufbringt als für die andere. Tolerieren sollte man aber alle. Erzählt Ihnen Ihr Geschäftspartner, er habe gerade einen großartigen Ehemann aus reichem Haus für seine achtjährige Tochter ausgesucht, sollten Sie sich davor hüten, ihn entsetzt zu kritisieren. Er ist nämlich nicht unbedingt ein herzloser Rabenvater.

Andere Länder, andere Kulturen

Die soeben beschriebenen Werte tauchen in unterschiedlichen Ausprägungen in allen Kulturen auf. Auch wenn beispielsweise der Umgang mit dem Tod ganz verschieden ist, so eint die Bedeutung, die dieser Lebensbereich hat, doch wieder alle Völker. Wenn Sie ins Ausland reisen, interessieren Sie natürlich eher die Dinge, die anders als zu Hause sind. Schließlich wollen Sie nicht gleich in jedes Fettnäpfchen treten. Wo erwarten Sie die meisten Unterschiede? In der Sprache, den Essgewohnheiten und Tischsitten? Bestimmt. Es gibt aber noch ganz andere Bereiche, die von jahrhundertealten

Traditionen geprägt sind. Bedenken Sie, dass Menschen stark von ihrer Umgebung und ihrer Gesellschaft geprägt sind. Unterscheidet diese sich sehr von der, in der Sie leben, so können Sie sicher sein, dass auch Denkstrukturen, Gestik oder Symbolik vollkommen unterschiedlich sind.

In diesem Abschnitt sollen Sie kurz anhand weniger Beispiele auf kulturelle Unterschiede vorbereitet werden, an die Sie bisher vermutlich noch gar nicht gedacht haben.

Der Umgang mit Zeit

Die deutsche Pünktlichkeit ist sprichwörtlich. Für einen Deutschen ist Unpünktlichkeit unhöflich. Daran gibt es für ihn nichts zu rütteln. In Südamerika, Afrika oder einigen asiatischen Ländern ist das völlig anders. Wussten Sie, dass öffentliche Uhren dort nur ungefähr die korrekte Zeit anzeigen, aber nicht aufeinander abgestimmt sind? Der deutsche Umgang mit Zeit ist typisch für westliche Gesellschaften und für Industrieländer. Es werden Zeitpläne aufgestellt, die möglichst auf die Minute eingehalten werden müssen. Daraus entstehen zwar klare und übersichtliche Betriebsabläufe. Das Ergebnis sind aber auch gestresste Menschen, die sich keine Zeit für das Mittagessen oder den Feierabend nehmen, sondern unter Stress Projekte abschließen.

Im Gegensatz dazu steht der „östliche" Umgang mit Zeit. Stellen Sie sich den etwa so vor: Der Tag wird nicht in Stunden und Minuten eingeteilt, sondern in Zeitfenster. Wenn jetzt die Zeit zum Essen ist, wird gegessen.

> ▼ INFO
>
> Der Umgang mit Zeit bestimmt auch den Umgang mit der Vergangenheit und der Zukunft. Ein Beispiel aus Sri Lanka zeigt, wie sich das auf das Geschäftsleben auswirken kann: Die Zukunft gilt dort als unbekannte Größe, die man nicht beeinflussen kann. So sorgt man auch nicht für die Zukunft vor.
> Da ist es nicht verwunderlich, dass das Angebot einer in Sri Lanka ansässigen europäischen Firma abgelehnt wurde. Die Mitarbeiter sollten einen Monatslohn mehr im Jahr bekommen und im Gegenzug auf einen freien Tag pro Woche verzichten. Sie kamen aber mit ihrem Geld aus und genossen ihre Freizeit. Für die Zukunft zu sparen, erschien ihnen nicht verlockend

Man tut das, bis man damit in Ruhe fertig ist. Dann öffnet sich das nächste Zeitfenster. Möglicherweise das für eine geschäftliche Besprechung mit Ihnen. Da das Essen länger gedauert hat, beginnt diese eben später.

Auch die Konferenz wird dann ohne Zeitdruck oder Hast stattfinden und so lange dauern, bis ein neues Zeitfenster aktiv wird.

Unterschiedliche Denkstrukturen
Sie glauben, es genügt, ein paar Angewohnheiten der Menschen des Landes zu kennen, das Sie besuchen wollen? Den Rest schaffen Sie schon mit Ihrem gesunden Menschenverstand? So einfach ist das nicht. Denn während der eine logisch an ein Problem herangeht, betrachtet der andere es wesentlich stärker emotional.
Während Sie ausschließlich verstandesmäßig verhandeln, beziehen Ihre Partner aus asiatischen oder auch arabischen Ländern philosophische und religiöse Aspekte mit ein.

Ein anderes Beispiel für unterschiedliche Denkmuster: Wenn Sie jemand fragen würde, ob es zu spät sei, würden Sie vermutlich mit der Gegenfrage: „Wofür?" reagieren. Sie können die Antwort nicht geben, ohne den Zusammenhang zu kennen, in dem die Frage gemeint ist. In Kulturen, die stark mit solchen Zusammenhängen arbeiten, schlägt sich das in der Sprache nieder. Wörter oder ganze Satzteile verschwinden, weil ja aus dem Zusammenhang klar wird, was gemeint ist.

Japaner treiben diese Sprache und das damit verbundene Mitdenken auf die Spitze. So kann es dort beispielsweise passieren, dass ein Vorgesetzter den Mitarbeiter, der zwei Wochen mit einer Aufgabe befasst war, einfach nur fragt: „Erledigt?" In Westeuropa hieße es: „Zwei Wochen sind um. Haben Sie das Projekt, das ich Ihnen übertragen habe, vereinbarungsgemäß erledigt?" Oder: „Wie weit sind Sie denn mit dem Projekt, das ich Ihnen vor zwei Wochen übergeben habe?"

Körperkontakt
Fassen Sie einen englischen Geschäftspartner nicht an. Er schätzt das gar nicht. Wollen Sie in Südafrika erfolgreich sein, reichen Sie nicht die Hand. In Russland sollten Sie dagegen bereit sein, eine Umarmung und vielleicht sogar Küsse auf die Wangen zu akzeptieren. Es würde als unhöflich empfunden, wenn Sie hier zurückweichen würden.

Körperliche Nähe und Berührungen spielen in verschiedenen Kulturen höchst unterschiedliche Rollen. Natürlich können religiöse oder moralische Gründe vorliegen. So glauben Buddhisten etwa, dass die Seele des Menschen im Kopf wohnt. Den Kopf eines Menschen, vor allem den eines Kindes, dessen Seele ja noch zerbrechlich ist, zu berühren, ist daher ein Tabu.

Kommunikation

Die Kommunikation hat sowohl im Privatleben als auch im Job einen extrem hohen Stellenwert. Sie birgt aber auch Missverständnisse. Besonders, wenn es sich um unterschiedliche Sprachen handelt.

Das Schnurren einer Katze wird vom Hund als warnendes Knurren wahrgenommen. Bei den Menschen ist das ähnlich. Wer Französisch, Englisch oder Chinesisch lernt, um in dem entsprechenden Land besser zurechtzukommen, macht sicher keinen Fehler. Doch das Beherrschen einer Fremdsprache ist nur die halbe Miete. Satzmelodie, Sprachrhythmus, verschiedene Umschreibungen für einen Gegenstand und sogar Schweigen sind ebenfalls Teil der Kommunikation.

Sie sitzen mit Ihren deutschen Kollegen zusammen, machen einen Vorschlag und ernten langes Schweigen? Daraus werden Sie folgern, dass Ihre Idee nicht auf spontane Begeisterung stößt, sondern zum Nachdenken anregt. Erhalten Sie anschließend Zustimmung, wissen Sie, dass Ihr Vorschlag angenommen ist. Ganz anders in Japan, wo es völlig unüblich ist, seine Ablehnung verbal unmissverständlich auszudrücken. Dort steht das lange Schweigen bereits für ein Nein, selbst wenn anschließend ein paar Worte der Zustimmung gemurmelt werden.

WELTWEIT ERFOLG-
REICH AUFTRETEN

In diesem Kapitel finden Sie jede Menge Tipps, wie Sie sich in Europa, dem Nahen und Mittleren Osten, Afrika, Asien, Amerika, Australien und Neuseeland verhalten sollten, was es zu beachten gilt, um nicht anzuecken und womit Sie punkten können.

Ein guter Rat gilt für jedes Land dieser Welt: Seien Sie aufmerksam! Beobachten Sie Ihre Mitmenschen und Ihre Umgebung mehr als sich selbst. Nehmen Sie deren

Bedürfnisse, Vorlieben und Abneigungen wahr. Übrigens: Abgucken ist erlaubt. Es ist völlig unmöglich, die Sitten und Eigenarten jeder Kultur in allen Feinheiten zu kennen. Wenn Sie abgucken und sich anpassen, können Sie jedoch viele Defizite ausgleichen.
Ist nichts anderes angegeben, gelten im Folgenden die bereits für den deutschsprachigen Raum und damit alle westlich orientierten Länder beschriebenen Richtlinien.

Westeuropa

Die bereits beschriebenen Richtlinien für korrektes Verhalten haben Sie auswendig gepaukt? Gut, dann kann Ihnen in Westeuropa kaum etwas passieren. Die folgenden Feinheiten sorgen für den letzten Schliff.

Frankreich
Die Menschen der „Grande Nation" sind zwar in einigen Bereichen überraschend locker, generell legen sie jedoch viel Wert auf Stil und Benehmen.
Äußerlichkeiten: Förmlicher Business-Look wird erwartet, wobei die Qualität der Textilien höher eingeschätzt wird als zum Beispiel der Zwang, eine Krawatte umzubinden. Auch in der Freizeit sollte man gut, also

hochwertig, gekleidet sein. Präsentieren Sie sich bei allen Gelegenheiten immer eher „overdressed" als nachlässig.
Begrüßung/Anrede: Sagen Sie nicht nur schlicht „Bonjour", also „Guten Tag". Frauen werden stets als Madame, Männer als Monsieur begrüßt. Kennt man den Nachnamen, so setzt man ihn hinzu. Ebenso – wenn vorhanden – den Titel, der Franzosen sehr wichtig ist.

Zum „Du" und dem Vornamen wird erst gewechselt, wenn man sich gut kennt. Dann lösen Küsse auf die Wange das Händeschütteln ab.
Bei Tisch: Essen nimmt in Frankreich einen hohen Stellenwert ein. Üblich sind in Restaurants sowohl mittags als auch abends komplette Drei-Gänge-Menüs. Man jammert nicht über die Mengen, die auf den Tisch kommen, und den damit verbundenen Anschlag auf die eigene Figur. Derartigen Sorgen darf man erst wieder Ausdruck verleihen, wenn man das Land verlassen hat. Im Suppenteller darf ein kleiner Rest zurückbleiben, denn man hebt den Teller nicht an, um das letzte Rest-

chen Suppe auslöffeln zu können. Soße wird dagegen vollständig verzehrt, indem man sie mit Brot, meist Baguette, das stets gebrochen und niemals geschnitten wird, aufnimmt.

Speisen nachzuwürzen gilt als Kritik an der Leistung des Kochs. Wird eine Käseplatte gereicht, nehmen Sie maximal von drei Sorten jeweils ein kleines Stück.

Trinkgeld: Etwa 10 bis maximal 15 % sind üblich.

> **INFO** Besonderheit Austern: Während in anderen Ländern Darm und Bart meist entfernt werden, schlürft man beides in Frankreich mit.

Schlagen Sie diese nicht auf die Rechnung, sondern lassen Sie das Geld auf dem Tisch liegen, wenn Sie das Restaurant verlassen.

Einladungen: Die Privatsphäre ist den Franzosen heilig. Deshalb ist eine Einladung nach Hause eine seltene Ehre. Schicken Sie am Morgen des vereinbarten Termins ein schriftliches Dankeschön zusammen mit einem Gastgeschenk. Chrysanthemen sollten es aber bitte nicht sein, da sie in Frankreich auf den Friedhof gehören. Seien Sie nicht zu pünktlich, sondern gewähren Ihrem Gastgeber ein paar Minuten „Schonfrist".

Geschäftsgebaren: Verhandlungssprache ist Französisch. Sind Sie in dieser Sprache nicht extrem sicher, nehmen Sie einen Übersetzer zu Hilfe.

Von Mitte Juli bis mindestens Mitte August sind Ferien, weshalb Sie für diesen Zeitraum keinen Besprechungstermin vereinbaren sollten. Der 14. Juli ist Nationalfeiertag und damit tabu für Geschäftstermine.

Häufig werden Verhandlungen in Verbindung mit einem Essen geführt. Kommen Sie nicht nach amerikanischer Manier gleich zur Sache. Der Franzose lässt sich gern

> **INFO**
> Auch, wenn der Franzose bis zu einer halben Stunde Verspätung haben kann, wird von Ihnen absolute Pünktlichkeit erwartet.

Zeit zum Plaudern und widmet sich erst einmal ausgiebig dem Essen. Frühestens nach dem Hauptgang schneidet man geschäftliche Themen an, oft auch erst zum Kaffee. Überlassen Sie das Ihrem Gastgeber.

Hierarchien spielen in Frankreich eine wichtige Rolle. Sie bestimmen nicht nur die Reihenfolge, in der man einander vorgestellt wird.

Entscheidungen trifft letztendlich immer der Chef des Unternehmens.

Belgien

Sprachlich ist das Land in eine französische, eine flämische und eine deutsche Region ganz im Osten unterteilt. Entsprechend findet man im eher konservativen Belgien einen Kulturmix.

Begrüßung/Anrede: Die Wallonie, auch als Wallonien bekannt, macht den südlichen Landesteil aus.

Hier ist man konservativ und bleibt meist beim Händeschütteln. In Flandern geht es lockerer zu. Dort kann es schnell zu Wangenküssen kommen. Auch wird das „Du" erheblich schneller angeboten.

Bei Tisch: Wie in Frankreich sollte viel Zeit für das Essen eingeplant werden. Orientieren Sie sich in puncto Tischsitten für eine Reise in den wallonischen Teil an Frankreich. Im flämischen Teil geht es bei Tisch wie in den Niederlanden zu.

Trinkgeld: Ist nicht üblich, da in Hotel- bzw. Restaurantrechnungen schon enthalten.

Einladungen: Erscheinen Sie pünktlich und gut geklei-

det. Gern gesehene Geschenke sind Hochprozentiges, deutsche Wurstwaren, aber auch deutscher Weißwein.
Geschäftsgebaren: Hierarchien existieren wie in Frankreich. Geben Sie auf die Sprache Acht. In der Wallonie ist Französisch angesagt, während im übrigen Teil lieber auf Deutsch oder Englisch verhandelt wird.

> Beachten Sie bei Ihrer Terminplanung, dass der 21. Juli in Belgien Nationalfeiertag ist. Legen Sie Ihre Geschäftsreise also entsprechend.
>
> ◀ TIPP

Niederlande

Jedem Gast des Landes im Allgemeinen und jedem Deutschen im Speziellen sei geraten, Zurückhaltung zu üben. Die Niederländer verachten eine „große Klappe".
Äußerlichkeiten: Die Kleidung darf etwas legerer ausfallen als üblicherweise. Gerade im privaten Bereich sind Schlips und Kragen unbeliebt.
Begrüßung/Anrede: Händeschütteln kann vorkommen, aber auch durch Kopfnicken ersetzt werden. Sich schnell beim Vornamen, aber mit förmlichem Sie zu nennen, ist üblich. Titel werden grundsätzlich nicht erwähnt.
Bei Tisch: Das Essen spielt keine große Rolle und geht meist zügig vonstatten.

Trinkgeld: Es heißt in den Niederlanden „het fooi", beträgt rund 10 % und wird wie in Frankreich auf dem Tisch hinterlassen.

Einladungen: Sie sind ziemlich selten. Trotzdem brauchen Sie kein Tamtam zu veranstalten, wenn Sie eine erhalten. Seien Sie einfach pünktlich und essen Sie vorher. Meist gibt es nämlich nur Getränke und Knabbereien. Wenn Sie Blumen mitbringen, wählen Sie keine Sorten in Violett. Das ist neben Schwarz eine Trauerfarbe.

> **INFO** Entgegen der weit verbreiteten Meinung: Holland ist kein anderes Wort für Niederlande! Es ist der Name von nur einer Provinz des Landes.

Geschäftsgebaren: Wenn Sie gleich zu Beginn Punkte gutmachen wollen, fragen Sie, ob Deutsch oder Englisch gesprochen wird. Viele Niederländer sprechen Deutsch, sie können es aber nicht leiden, wenn das automatisch vorausgesetzt wird. Tun Sie das dennoch, hält man Sie für arrogant und Sie sind bei Ihren Geschäftspartnern ziemlich schnell „unten durch".

Sprechen Sie nicht über Drogen. Das gilt auch für Politik und Religion. Über die Königin dürfen Sie ruhig sprechen – wenn es positiv ist.

Luxemburg

Die Bewohner dieses kleinen Landes sind zunächst ein wenig distanziert. Das hat nichts mit Überheblichkeit, sondern mit Unsicherheit zu tun. Die Angst, aufgrund kleiner Einwohner- und Quadratmeterzahl nicht ernst genommen zu werden, ist allgegenwärtig.

Bei Tisch: Mit Geschäftspartnern essen zu gehen ist völlig normal. Dabei wird fürstlich und ausgiebig getafelt wie in Frankreich. Geschäftliche Themen anzuschneiden oder sich gar Notizen zu machen, ist nicht passend. Alkohol abzulehnen, wird ebenso ungern akzeptiert.

Trinkgeld: Es sind bereits 15 % in Restaurant- und Hotelrechnungen enthalten. Im Taxi schlagen Sie 15 % auf den Fahrpreis auf.

Einladungen: Erwarten Sie keine Fortsetzung einer Konferenz. Private Einladungen dienen lediglich dem besseren Kennenlernen.

Geschäftsgebaren: Deutsch wird bereits in der Grundschule gelernt, weshalb Sie damit immer zurechtkommen. Ebenso verhält es sich mit Französisch. Das Luxemburgische, oder auch Letzebuergische, wie es hier heißt, ist als Sprache anerkannt, ist aber eigentlich ein moselfränkischer Dialekt.

Protokolle von Besprechungen sind nicht üblich. Absprachen werden dennoch korrekt eingehalten. Sprechen Sie Probleme sehr konkret an, nehmen Sie dabei aber immer auf alle betroffenen Personen Rücksicht. Für Geschäftstermine fallen Ostern sowie die Ferienmonate Juli und August aus. Man legt großen Wert auf den Austausch von Visitenkarten.

Großbritannien

Die Engländer werden ihrem Ruf, ein wenig steif zu sein, gerecht. Sie sind konservativ und eigenbrötlerisch, gleichzeitig aber auch geduldig und mit guten Manieren ausgestattet.

Äußerlichkeiten: Anzug und Krawatte bzw. Kostüm oder Hosenanzug sind Pflicht. Bitte nur in dunklen gedeckten Farben: Grau, Blau oder Schwarz.

Begrüßung/Anrede:

Auch, wenn das förmliche „Sie" in der englischen Sprache unbekannt ist und man gleich mit dem Vornamen angeredet wird, ist das kein Zeichen von Vertraulichkeit.

Körperliche Nähe ist fast ein Tabu. Nur bei der ers-

ten Begegnung werden Hände geschüttelt. Warten Sie im Zweifelsfall darauf, dass Ihnen jemand die Hand reicht, ansonsten verzichten Sie besser auf jeglichen Körperkontakt.

Bei Tisch: In guten Restaurants nehmen Sie in der Lounge einen Drink und wählen dort Ihr Essen aus.

Geschäftliche Themen werden bei einem Abendessen oder an der Bar niemals angeschnitten.

Achtung: Führen Sie den Suppenlöffel mit der breiten Seite zum Mund, halten Sie die Gabel so, dass die Wölbung nach oben zeigt und legen Sie die linke Hand auf den Schoß, wenn diese gerade nicht im Einsatz ist.

Wenn Sie Tee auf die englische Art mit Milch trinken, geben Sie diese zuerst in die Tasse und dann den Tee.

Trinkgeld: Zwischen 10 und 15 % werden sowohl auf die Restaurantrechnung als auch auf den Taxipreis aufgeschlagen.

Einladungen: Einladungen führen wesentlich häufiger in ein Restaurant als in das Haus des Geschäftspartners. Kommen Sie in jedem Fall auf die Minute pünktlich. Alles andere hasst der Engländer.

Ganz anders der Ire. Dem geht deutsche Pünktlichkeit auf die Nerven. Das heißt, Sie müssen sich auf Verzögerungen einstellen, haben selbst aber trotzdem zum vereinbarten Zeitpunkt einzutreffen.

In Irland sind die üblichen Gastgeschenke okay, wogegen Sie im Rest Großbritanniens nicht mit Blumen auftauchen dürfen. Dort sind hochwertige Geschenke, z. B. teurer Wein oder exklusive Schreibgeräte, gern gesehen.

Geschäftsgebaren: Für Verhandlungen im Königreich sollten Sie flexibel sein. Briten sind höflich und mögen es gar nicht, wenn ihnen direkt widersprochen wird. Verpacken Sie Zweifel also immer in eine etwas gemilderte Ausdrucksweise.

> **INFO**
>
> Und noch ein paar Tipps für Ihre Geschäftsreise nach Großbritannien:
> → Fragen Sie einen Briten nicht nach seiner Familie. Er würde sich in seiner Privatsphäre bedrängt fühlen.
> → Tabu ist das Victoryzeichen (Zeige- und Mittelfinger ausgestreckt) mit Handrücken nach außen.
> → England ist nicht Großbritannien, sondern nur ein Teil davon. Wer das vergisst, tritt Iren, Schotten und Walisern auf die Füße.

Humor ist gefragt. Versuchen Sie aber bloß nicht, witziger als ein Brite zu sein. Über Witze über das Königshaus dürfen Sie lachen, machen Sie aber selbst keine. Englisch ist selbstverständlich die Sprache der Wahl, selbst wenn in Irland auch Gälisch Amtssprache ist. Bringen Sie auf jeden Fall eine Visitenkarte mit.

Osteuropa

Viele der in diesem Abschnitt aufgeführten Länder werden Ihnen bei Ihrem Besuch sehr westlich erscheinen. Sind sie auch. Trotzdem gibt es große Unterschiede. Nehmen Sie sich noch einmal den Rat, sehr aufmerksam zu sein, zu Herzen.

> Lassen Sie auf Ihrer Visitenkarte Ihrer Firma vermerken, dass Sie für Mitteleuropa zuständig sind. Das Wort „Osteuropa" auf Ihrer Karte würde Ihnen keine Freunde machen.

TIPP

Kommen Sie nie in die Versuchung, als besserwissender Westler aufzutreten, sondern nehmen Sie Rücksicht auf die vorliegenden Gegebenheiten und Bedürfnisse. Machen Sie keine Bemerkungen über den kleinen Skoda oder Daewoo, mit dem der Manager angefahren kommt, oder über die Plattenbauwohnung, in der er lebt. Bedenken Sie, dass Sie im Westen mit anderen Möglichkeiten verwöhnt wurden, die diesen Ländern erst seit kurzem zur Verfügung stehen.

Polen
Polen ist ein sehr gastfreundliches Land mit offenen Menschen. Das Wort „Probleme" gibt es im Grunde nicht, denn die Polen sind Meister der Improvisation.

Äußerlichkeiten: Der übliche Business-Look in gedeck-ten Farben ist genau richtig.

Begrüßung/Anrede: Der Handschlag hat sich durchgesetzt. Kennt man sich besser, ist auch eine Umarmung nicht ungewöhnlich. Damen werden gelegentlich auch noch mit Handkuss begrüßt.

Sprechen Sie Ihre Partner mit „Pan" (= Herr) oder „Pani" (= Frau) und dem Nachnamen an. Häufig geht man auch schnell zum Vornamen über, bleibt aber bei dem „Sie". Titel und Positionsbeschreibungen stehen hoch im Kurs und werden unbedingt vor den Nachnamen gesetzt. Manchmal ersetzen sie auch die Nennung des Namens.

Bei Tisch: Der Wodkakonsum ist hoch. Einzige Chance: Das eigene Glas nie voll schenken lassen.

Trinkgeld: Im Restaurant und im Taxi sollten 15 % Trinkgeld gegeben werden.

Einladungen: Weil auch hochrangige Mitarbeiter oft in nicht so repräsentativen Plattenbauwohnungen leben, wird eher in ein Restaurant eingeladen. Werden Sie in die privaten vier Wände gebeten, treten Sie erst ein und begrüßen dann den Gastgeber. Schon in der Tür die Hand zu geben, ist ein schlechtes Omen.

Bringen Sie gern Blumen mit. Aber bitte stets eine ungerade Anzahl.

Geschäftsgebaren: Der 3. Mai und der 11. November sind Nationalfeiertage, die Sie besser nicht für Besprechungen vorschlagen.

Setzen Sie nicht voraus, dass Englisch gesprochen wird. Russisch ist, gerade bei älteren Semestern, wesentlich wahrscheinlicher. Sie sollten am besten auf Verhandlungen in Polnisch gefasst sein und sich entsprechend einen Dolmetscher mitnehmen. Auch Unterlagen, die Sie vorbereitet haben, sollten selbstverständlich in polnischer Sprache verfasst sein.

Begegnen Sie Ihren Partnern auf Augenhöhe. Erwarten Sie keine schnellen Entscheidungen, sondern planen Sie Zeit ein, um Vertrauen zu entwickeln.

Polen halten weniger körperliche Distanz, als man es im deutschsprachigen Raum gewohnt ist. Sie legen gern die Hand auf den Arm und stellen sich dicht neben Sie. Weichen Sie nicht zurück.

Tschechische Republik

Die Menschen im Land sind offen und modern. Da immer mehr Ausländer in der Republik leben und arbeiten, wächst auch die Toleranz anderen Kulturen gegenüber noch mehr.

Begrüßung/Anrede: Geben Sie nur die Hand. Die Umarmung mit Wangenkuss wird nicht gepflegt.

Geschäftsgebaren:

Tschechen sind Skeptiker. Stellen Sie sich auf lange Verhandlungen und viel Überzeugungsarbeit ein. Offene Kritik wird als Beleidigung verstanden. Pflegen Sie einen

> **TIPP ▶** Nennen Sie das Land unter keinen Umständen „Tschechei". Diese Bezeichnung stammt noch aus der NS-Zeit.

indirekten Kommunikationsstil. Bei Besprechungen kommt man nicht sofort auf den Punkt. Smalltalk zum Aufbau einer persönlichen Beziehung ist obligatorisch.

Baltikum: Lettland, Litauen und Estland

Sie werden sich wie zu Hause fühlen. Außer, dass die Menschen vielleicht ein wenig introvertierter sind. Das gilt allerdings nicht für die als sehr herzlich bekannten Litauer.

Bei Tisch: Achten Sie darauf, dass kein Lette an der Ecke eines Tisches sitzen muss. Das gilt als schlechtes Omen, besonders für junge Leute, die dann glauben, dass sie in den nächsten sieben Jahren nicht heiraten werden. Es werden auch niemals 13 Personen an einen Tisch gesetzt, denn das würde Unglück bringen.

Trinkgeld: Passen Sie Ihr Trinkgeld der Bewertung an, die Sie der Bedienung geben. Zwischen 5 und 10 % sind üblich.

Einladungen: Bringen Sie die üblichen Präsente in guter Qualität mit. Übergeben Sie sie diskret, ohne großes Aufhebens darum zu machen.

Geschäftsgebaren: In Lettland sind Englisch, Russisch und Deutsch die verbreitetsten Fremdsprachen. In Litauen und Estland hören Sie Deutsch seltener. Klären Sie vorher, ob die Fremdsprachenkenntnisse Ihrer Geschäftspartner für Verhandlungen reichen, und bringen Sie ansonsten einen Übersetzer mit.

Slowenien

Sind Sie sportlich? Gut, dann sind Sie in diesem sportbegeisterten Land bestens aufgehoben. Die Slowenen sind tüchtig und äußerst innovativ.

> **TIPP**
> → Trotz der Namensähnlichkeit dürfen Sie Slowenien nie mit der Slowakei oder mit Slawonien verwechseln.
> → Sprechen Sie nicht unbedingt auf den herrschenden Konflikt mit dem Nachbarland Kroatien an, mit dem sich Slowenien noch immer über den Verlauf der Staatsgrenze streitet.

Geschäftsgebaren: Nationalfeiertag und damit für Termine ungeeignet ist der 25. Juni.

Neben den Slowenen leben noch Volksgruppen italienischer und ungarischer Abstammung im Land, sodass Italienisch und Ungarisch möglicherweise Verhandlungssprachen sein können. Erkundigen Sie sich vorher! Ihre slowenischen Geschäftspartner lieben es ordentlich. Erscheinen Sie daher mit gut vorbereiteten Unterlagen und geben Sie nur sorgfältig zusammengestelltes Informationsmaterial in ordentlicher Aufmachung aus der Hand.

Kroatien

Die Kroaten sind gastfreundlich, offen und herzlich. Riesig ist ihre Begeisterung für Fußball. Der Umgang mit ihnen ist unkompliziert, verhalten Sie sich genauso wie im deutschsprachigen Raum.

Äußerlichkeiten: Wussten Sie, dass die Krawatte aus Kroatien stammt? Sie wurde früher vom Militär getragen und dann als Modetrend entdeckt. Das Wort Krawatte bedeutet „Kroate". Für Männer gilt also: unbedingt eine Krawatte tragen.

Ungarn

Sie haben es hier mit einem Land zu tun, in dem Manieren großgeschrieben werden. Die Führungskräfte, besonders aus dem technischen Sektor, sind hervorragend ausgebildet. Was das Wesen der Ungarn angeht, so besteht es aus einer interessanten Mischung aus Humor und Melancholie.

Äußerlichkeiten: Ungarn stehen auf Eleganz. Denken Sie bei Ihrer Kleidung daran.

Begrüßung/Anrede: Der Handkuss für die Dame wird von älteren Herren durchaus noch praktiziert.

Das „Du" wird unter in der Hierarchie Gleichgestellten schnell angeboten und mit dem bekannten „Brüderschaft trinken" begonnen.

Nennen Sie den Titel Ihres Gegenübers, wenn Sie ihn ansprechen. Achtung: Wenn Sie den vollständigen Namen nennen, ist erst der Nachname und dann der Vorname an der Reihe.

Bei Tisch: Ein höfliches „Nein, danke" reicht selten, um den Teller oder das Glas nicht erneut gefüllt zu bekommen. Machen Sie freundlich, aber sehr bestimmt klar, dass Sie auf keinen Fall mehr etwas möchten.

Trinkgeld: 10 % auf die Restaurant- oder Taxirechnung zu schlagen, ist üblich.

Einladungen: Einladungen werden schnell ausgesprochen. Ungarn ist ein sehr gastfreundliches Land. Die Menschen sind großzügig. Seien Sie das bei der Wahl des Gastgeschenks auch. Besonders freut man sich über technologische Produkte.

Geschäftsgebaren: Dulden Sie es, wenn Ihnen der Geschäftspartner freundlich auf den Rücken klopft oder vertraulich die Hand auf den Arm legt. Das ist in Ungarn absolut üblich. Man kommt sich körperlich näher als in den meisten westeuropäischen Ländern, ohne dass das anrüchig ist.

Die meisten Bewohner des Landes sind sehr sprachbegabt. Englisch und Deutsch werden – gerade von jüngeren Leuten – oft beherrscht. Klären Sie vorher ab, ob dennoch ein Übersetzer benötigt wird.

Persönliche Kontakte sind wichtig. Es wird erwartet, dass Sie Ihre Geschäftspartner während der Dienstreise mehrfach auch privat treffen.

Direkte Kritik oder offen ausgesprochene Meinungsverschiedenheiten gelten als unhöflich.

> Ungarn hat eine der höchsten Selbstmordraten Europas. Dieses Thema ist im Land absolut tabu. Bringen Sie keinesfalls die Sprache darauf.
>
> TIPP

Bulgarien

Nur recht wenig Besonderes ist im Umgang mit den Bulgaren zu beachten. Sie sind extrem gastfreundlich und bieten eigentlich immer eine Kleinigkeit an. Selbst der

Postbote muss wenigstens einen Keks annehmen.
Bei Tisch: Es ist gang und gäbe, vor dem Essen einen Schnaps zu trinken. Dazu wird Salat in allen Variationen gegessen. Häufig bleibt der eine Schnaps nicht allein. Das Aperitif-Vorspeisen-Ritual kann sich über Stunden hinziehen.

> **INFO**
> Antwortet ein Ungar mit Kopfschütteln auf eine ihm gestellte Frage, so bejaht er diese damit. Ein Kopfnicken heißt dagegen „Nein".

Russische Föderation

Russland ist ein großes Land, das nach dem Zerfall der Sowjetunion noch mit einigen Unsicherheiten und Ängsten zu kämpfen hat. Das macht die Menschen ein wenig vorsichtig. Das bedeutet aber keinesfalls, dass sie nicht auch ein recht freundliches Volk sind.

Äußerlichkeiten: Weit ausgeschnittene Kleider, kurze Röcke und kurze Hosen werden nicht akzeptiert. Sehr wichtig sind blitzsaubere Schuhe. Exklusive Markentextilien müssen nicht unbedingt sein. Sie könnten als Angeberei missverstanden werden.

Begrüßung/Anrede: Der Bruderkuss wurde von einem sehr kräftigen Händedruck abgelöst.

Bei Tisch: Hüten Sie sich wenn irgendwie möglich vor dem Wodka, der in großen Mengen ausgeschenkt wird.

Trinkgeld: In großen Städten und internationalen Hotels ist das Trinkgeld oft bereits im Rechnungsbetrag enthalten. Wenn nicht, geben Sie rund 10 %.

Einladungen: Die Dame des Hauses bekommt Blumen in gerader Anzahl, die auf keinen Fall gelb sein dürfen (dies ist nämlich die Farbe von Trennung und Trauer). Für den Herrn ist Sekt ein willkommenes Geschenk.

Wenn Sie mehr investieren wollen, sind technische Geräte und Tee- bzw. Kaffeegeschirr geeignet. Überreichen Sie die Geschenke unverpackt oder in durchsichtiger Verpackung.

Reichen Sie nicht auf der Türschwelle schon die Hand. Das bringt Unglück. Machen Sie Anstalten, die Schuhe im Flur auszuziehen und seien Sie auf den Fall vorbereitet, dass man diese Höflichkeit gern akzeptiert.

Geschäftsgebaren: Körperkontakt und körperliche Nähe sind selbstverständlich. Gehen Sie nicht auf Distanz.

Feilschen und Taktieren in Verhandlungen ist erlaubt. Arbeiten Sie in Vertragsentwürfe Punkte ein, die Sie später als Zugeständnis ändern können. Wenn Sie kleine Zugeständnisse erkämpfen, erwartet man von Ihnen dafür nämlich große. Wichtig: Halten Sie alles unbedingt schriftlich fest. Alles andere hat keine Bedeutung.

> **INFO**
> → Die Privatsphäre ist nahezu heilig.
> → Moderne russische Manager hassen es, wenn Geschäftspartner aus dem Westen ihnen zeigen wollen, wo es langgeht.

Türkei

Die Türkei ist ein beliebtes Reiseland der Deutschen, viele Türken haben Verwandte in Deutschland oder haben selbst einmal in Deutschland gearbeitet. Kein Wunder, dass Sie mit Deutsch in der Türkei bestens zurechtkommen. Jedenfalls gilt dies für Städte und Urlauberregionen.

Da die Türken äußerst herzlich und gastfreundlich sind, kann es Ihnen passieren, dass Sie bereits wenige Minu-

ten nach dem Kennenlernen von einem Fremden selbstverständlich in sein Haus eingeladen und bewirtet werden.
Äußerlichkeiten: Zur üblichen Businesskleidung sollten Frauen nur echten Schmuck tragen. Türken haben Freude an aufwändigen Frisuren, womit Frauen punkten können.

Begrüßung/Anrede: Während in Städten und in den westlich orientierten Unternehmen Frauen sehr emanzipiert sind und durchaus gute Jobs haben, hat auf dem Land oder in traditionellen Betrieben noch der Mann das Sagen. Das führt dazu, dass der Handschlag und ein direkter Blickkontakt zwischen Männern und Frauen nicht überall selbstverständlich sind. Warten Sie am besten ab, wie eine Frau auf Sie zukommt.
Als Frau sollten Sie sich eher etwas zurückhaltend geben, um niemandem „auf die Füße zu treten".
Bei Tisch: Putzen Sie sich auf keinen Fall am Tisch die Nase! Sich dazu kurz abzuwenden, reicht nicht. Gehen Sie dazu auf die Toilette oder kurz nach draußen.

Trinkgeld: Geben Sie im Restaurant 10 % Trinkgeld. Der Fahrpreis im Taxi wird aufgerundet. Mehr als 10 % sollte der Fahrer dabei nicht bekommen.

Einladungen: Sie können fast sicher davon ausgehen, schnell in den vier Wänden Ihrer türkischen Geschäfts-

 TIPP Verzichten Sie in der Fastenzeit darauf, vor Einbruch der Dunkelheit zu essen, Alkohol zu konsumieren oder zu rauchen. Oder tun Sie es nur dort, wo Sie niemand sehen kann.

partner zu landen. Lehnen Sie niemals eine Einladung ab. Das gilt auch für Essen und Getränke, die Ihnen reichlich serviert werden.

Beim Betreten der Wohnung bieten Sie an, Ihre Schuhe auszuziehen. Entweder brauchen Sie das dann aber nicht zu tun oder Sie bekommen Hausschuhe gereicht. Ein starker Kaffee bildet den Abschluss des Essens. Danach sollten Sie sich auch bald verabschieden.

Neben den üblichen Gastgeschenken sind hochwertige Krawatten und Seidenschals ein willkommenes Mitbringsel.

Geschäftsgebaren: Vorsicht mit Verabredungen zwischen Juni und August! Da gehen viele türkische Manager in den Urlaub. Ebenfalls wichtig: Auch wenn Titel keine große Bedeutung haben, sollten sie doch auf den Visitenkarten stehen.

Pünktlichkeit ist zwar für beide Seiten ein Muss, Verzögerungen treten während Verhandlungen aber fast immer auf.

> **TIPP**
> Wenn Sie gemeinsam im Dampfbad oder in einem Spezialitätenrestaurant auf dem Boden sitzen, zeigen Sie Ihrem Gegenüber niemals die Fußsohlen. Das wäre sehr unhöflich.

Der Ton macht die Musik. Geben Sie Ihrem Partner immer zu verstehen, wie sehr Sie ihn und seine Leistungen schätzen. Sorgen Sie für eine positive Atmosphäre. Absprachen werden grundsätzlich schriftlich fixiert. Ziehen Sie gern einen Anwalt, Berater oder mindestens einen Übersetzer zu Rate.

Nordeuropa

Skandinavier sind freundliche, sprachbegabte Menschen, die natürlich wissen, dass ihre Muttersprache im

Rest der Welt nicht sehr gefragt ist. Aus Höflichkeit sollten Sie trotzdem nicht voraussetzen, dass in Deutsch oder Englisch verhandelt wird, sondern erst einmal fragen, ob das in Ordnung ist. Damit machen Sie sich Freunde.

Frauen sind in Skandinavien übrigens in allen Positionen absolut gleichberechtigt.

Dänemark

Dänen sind humorvoll, freundlich und tolerant. Der Umgang mit ihnen ist alles andere als kompliziert.

Begrüßung/Anrede: Der Handschlag ist üblich. Es wird aber kein übertrieben großer Wert darauf gelegt. Wundern Sie sich nicht, wenn schnell, manchmal sogar von Anfang an, geduzt wird.

Bei Tisch: Es wird gern gesehen, wenn Sie nach dem Essen in einer kleinen Rede Ihren Dank ausdrücken. Das gilt natürlich auch für private Einladungen. Am Tisch wird möglichst nicht geraucht.

Trinkgeld: Trinkgeld zu geben ist absolut unüblich, da der Service bereits in der Rechnung inbegriffen ist.

Einladungen: Wenn Sie Blumen schenken wollen, tun Sie das schon am Tag vor dem vereinbarten Termin. Ein beliebtes Gastgeschenk ist Alkohol, denn der ist in Dänemark extrem teuer.

Dänen freuen sich über eine humorige Dankesrede Ihrerseits. Das reicht aber nicht. Bedanken Sie sich am besten mehrfach.

Geschäftsgebaren: Pünktlichkeit hat oberste Priorität. Büroschluss ist meistens um 16 Uhr und sollte eingehalten werden. An Wochenenden und in der Mittagspause von 11.30 bis 14.30 Uhr hat Geschäftliches nichts zu suchen.

> Die Dänen haben zwar viel Humor. Ironie ist aber nicht ihre Sache. Absolut keinen Spaß verstehen sie bei ihrer Nationalflagge. Kommen Sie bloß nicht auf die Idee, damit Späße zu treiben oder eine andere Flagge zu hissen.
>
> ▸ INFO

Im Juli und August könnte es mühsam sein, einen Termin zu machen, da in diesen Sommermonaten fast alle im Urlaub sind.

Wenn gearbeitet wird, kommt man gleich zur Sache. Smalltalk ist nicht üblich. Auch mündliche Absprachen haben absolute Gültigkeit.

> **TIPP** ▶ Sie finden die EU mit all ihren Vorzügen toll? Behalten Sie diese Ansicht in Dänemark vorsichtshalber besser für sich.

Schweden

Schweden ist eine moderne Nation, die gleichzeitig sehr traditionsbewusst ist. Gute Umgangsformen sind absolut wichtig.

Äußerlichkeiten: Der gewohnte Business-Look darf in Schweden gern dunkel ausfallen.

Begrüßung/Anrede: Das „Sie" ist fast ausgestorben. Man duzt sich und spricht sich mit Vornamen an.

Bei Tisch: Alkohol ist in Schweden teuer und wird in einigen Restaurants nur begrenzt ausgeschenkt. Verzichten Sie entweder ganz darauf oder lassen Sie sich diskret vom Personal beraten.

Findet das Essen in Form eines reichhaltigen Büfetts statt, laden Sie sich Ihren Teller maximal dreimal voll.

Trinkgeld: In Restaurants ist es üblicherweise enthalten. Dem Taxifahrer sollten Sie 10 % geben.

Einladungen: Machen Sie Anstalten, aus den Schuhen zu schlüpfen. Möglich, dass man abwinkt. Im privaten Rahmen sind Schweden allerdings entsetzt, dass diese Sitte nicht überall obligatorisch ist.

Bringen Sie dem Gastgeber unbedingt Blumen mit.

Zum Dessert ist eine Rede des Gastgebers üblich. Danach ist es Ihr Job, sich bei der Hausfrau zu bedanken. Wiederholen Sie Ihren Dank am nächsten Tag auch noch einmal schriftlich.

Geschäftsgebaren: Verhandelt wird auf Englisch, das die Schweden für gewöhnlich wie ihre zweite Muttersprache beherrschen. Schaffen Sie sich Freunde, indem Sie zumindest „Hej" (= Hallo), „Hej dâ" (= Tschüss) und „Tack sâ mycket" (= Vielen Dank) benutzen.

Verhandlungen verlaufen ruhig, sachlich und direkt. Reden Sie nicht um den heißen Brei herum, sondern rücken Sie klar mit der Sprache heraus. Nicht alle Absprachen müssen zwingend schriftlich festgehalten werden. Auch in Schweden werden Sie in den Sommermonaten nicht viel erreichen, weil fast überall Betriebsferien sind.

> **TIPP ▶** Lästern Sie nicht über den angeblich hohen Alkoholkonsum der Schweden und die diesbezüglich strengen Vorschriften im Land.

Norwegen

Die Norweger leben die Gleichberechtigung. Deshalb gibt es kein „Ladies first". Lassen Sie sich davon aber nicht täuschen. Auf gute Manieren wird nämlich viel Wert gelegt.

Äußerlichkeiten: In Norwegen darf der Business-Look ruhig etwas leger ausfallen.

Begrüßung/Anrede: Die Begrüßung durch Handschlag ist selten. Meist findet sie nur bei der ersten Begegnung statt. Das typisch skandinavische „Du" ist auch in Norwegen gang und gäbe.

Bei Tisch: Egal, ob im Restaurant oder bei Ihrem Geschäftspartner zu Hause, sagen Sie nach dem Essen stets: „Takk for maten." Das bedeutet so viel wie: „Danke für das Essen." Würde ein Norweger das nicht sagen, wären seine Landsleute zutiefst beleidigt.

Trinkgeld: Es ist für gewöhnlich bereits enthalten. Natürlich können Sie besonders hervorragende Leistun-

gen zusätzlich belohnen. Im Taxi sollten Sie beispielsweise etwa auf die nächsten fünf Kronen aufrunden.
Einladungen: Wenn Sie Alkohol verschenken möchten, sollten Sie vorher sicherstellen, dass der Gastgeber kein Gegner davon ist. Aufgrund der Alkoholprobleme im Land gibt es davon einige.

Pünktlichkeit gilt als Unhöflichkeit. Lassen Sie dem Hausherrn mindestens fünf Minuten über die verabredete Zeit hinaus.

Bedanken Sie sich lieber einmal mehr als zu wenig.
Geschäftsgebaren: Stapeln Sie tief. Norweger stellen sich und ihre Leistungen bescheiden dar. Alles andere halten sie für Angeberei.

> **TIPP**
> Klammern Sie das Thema „Wie toll wäre doch eine EU-Mitgliedschaft für Norwegen" lieber aus. Über diese Vision tauschen sich nicht alle gerne aus!

Finnland

In diesem skandinavischen Land ist man sehr tolerant. Ein bestimmter Verhaltenskodex spielt keine bedeutende Rolle. Einzelne Fehltritte werden mit viel Toleranz und Humor genommen. Der Finne macht sich über einen längeren Zeitraum sein Bild von einem Menschen.

Begrüßung/Anrede: Finnen begrüßen sich mit einem kurzen, kräftigen Handschlag. Das „Du" ist die gängige Umgangsform.

Sie müssen nicht immer den Namen Ihres Gesprächspartners nennen. Wenn Sie das tun, sollten Sie aber auch seinen Titel berücksichtigen.

Bei Tisch: Wenn der Gastgeber sein Glas erhoben und guten Appetit gewünscht hat, wird gegessen. Trinken Sie vorher auch noch nicht. Dass ist nur dann erlaubt, wenn der Beginn der Mahlzeit sich noch ganz erheblich verzögert. Berufliche Themen dürfen während des Essens gern besprochen werden.

Trinkgeld: Es ist in Finnland absolut unüblich.

Einladungen: Die Finnen sind in ihren privaten vier Wänden absolut unkompliziert.

Über einen Blumenstrauß für die Dame und eine Flasche Wein für den Herrn freut man sich immer.

Führt die Einladung Sie in das Ferienhaus des Gastgebers, müssen Sie einfachste Verhältnisse (keine Toilette, kein fließend Wasser) klaglos akzeptieren. Bieten Sie bei anfallenden Arbeiten Ihre Hilfe an und machen Sie sich nützlich.

Sollte die Dauer des Aufenthalts nicht von vornherein abgesprochen sein, sprechen Sie beim Frühstück am dritten Tag Ihre Abreise an. Nur, wenn der Protest extrem überzeugend klingt, dürfen Sie verlängern.

Geschäftsgebaren: Unterbrechen Sie Ihr Gegenüber nicht. Finnen halten gern Monologe und lassen erst hinterher die Argumente der Gegenseite zu.

Die Fremdsprachenkenntnisse sind meist hervorragend. Verhandlungen auf Englisch sind fast nie ein Problem. Oft kann Ihr Partner auch Deutsch. Wechseln Sie auch dann nicht ins Englische, wenn er dort sicherer scheint, sofern er sich für die deutsche Sprache entschieden hat. Wundern Sie sich nicht über die etwas schroffe bzw. sachliche Ausdrucksweise. Finnen haben kaum Höflichkeitsfloskeln in ihrer Sprache und verwenden das Wort „bitte" selten. Auch die Anrede „Sehr geehrte Damen und Herren" fehlt oft im Schriftverkehr.

Pünktlichkeit ist absolut wichtig. Vereinbarungen gelten mündlich, sollten aber zur Vermeidung von Missverständnissen schriftlich fixiert werden.

Vom ersten Juni-Wochenende bis Mitte August sind Ferien, für Geschäftstermine also ein ungünstiger Zeitraum.

In öffentlichen Räumen und am Arbeitsplatz ist das Rauchen übrigens verboten bzw. stark eingeschränkt.

> **INFO**
> → Lehnen Sie Einladungen in die Sauna nur ab, wenn Sie ein schweres Gebrechen oder einen anderen sehr guten Grund haben. So eine Einladung ist nämlich eine Ehre und wird immer angenommen!
> → Der wichtigste Tag im Leben eines Finnen ist sein 50. Geburtstag. Vergessen Sie nicht, ein Geschenk und eine herzliche Gratulation zu schicken.

Südeuropa

Im Süden Europas nimmt die Familie noch eine bedeutende Rolle ein.
Aufgrund der im Sommer hohen Temperaturen und der Wichtigkeit von Essen fällt die Mittagspause wesentlich länger als in nördlichen Ländern aus. Nutzen Sie diese Angewohnheit auch für sich zum Ausruhen. Rechnen Sie damit, dass zwischen 13 und 16 Uhr keine Termine stattfinden, es sei denn, es handelt sich um Geschäftsessen. Dafür wird nicht selten bis 22 Uhr gearbeitet.

Italien

Die Italiener sind bekannt für ihr Temperament und ihre Herzlichkeit. Im Norden des Landes ist man emanzipiert, modern und sehr modebewusst, im Süden dagegen eher konservativ.

Äußerlichkeiten: Eleganz ist Trumpf. Legen Sie sich lieber zu viel ins Zeug, als schlampig aufzutreten. Knappe Outfits werden als stillos empfunden. Auch bei Hitze müssen Sie sich in Anzug oder Kostüm zeigen.

Begrüßung/Anrede: Reichen Sie die Hand und erwähnen Sie unbedingt den Titel des anderen. Darauf legen Italiener viel Wert.

Bei Tisch: Nudeln sind im Menü immer eine Vorspeise und werden nicht als Hauptgericht bestellt. Zerteilen Sie Teigwaren auf keinen Fall mit dem Messer und versuchen Sie, Spaghetti ohne die Hilfe eines Löffels aufzudrehen.

Wichtig: Parmesankäse wird nicht abgelehnt und Cappuccino wird nicht nach dem Essen getrunken. Stattdessen ist es üblich, nach einer Mahlzeit einen Espresso zu bestellen. Sollten Sie mit Ihrem Geschäftspartner auf getrennte Rechnungen essen gehen, teilen Sie diese einfach durch die Personenzahl. Individuelle Einzelabrechnungen sind vollkommen ungewöhnlich.

Trinkgeld: Geben Sie Servicekräften 10 bis 15 % des Rechnungsbetrages.

Einladungen: Schicken Sie Blumen schon am Vormittag des entsprechenden Tages. Auf keinen Fall jedoch Chrysanthemen, die in Italien den Tod symbolisieren.

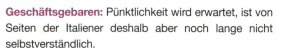

INFO
→ Gute Laune ist in Italien quasi Pflicht. Meckern und motzen werden als schlechter Charakterzug gewertet. Deshalb sollte man auch in unangenehmen Situationen immer ein freundliches Gesicht machen.
→ In Süditalien sollten Frauen ein Kopftuch tragen, wenn sie eine Kirche betreten.

Geschäftsgebaren: Pünktlichkeit wird erwartet, ist von Seiten der Italiener deshalb aber noch lange nicht selbstverständlich.

Hören Sie sich erst Geschichten über die Familie an, und erzählen Sie auch von Ihren eigenen Verwandten, bevor handfeste geschäftliche Themen auf den Tisch kommen. In Südtirol können Sie Deutsch als Verhandlungssprache erwarten.

Portugal
Portugiesen wirken auf viele eher wie Nordeuropäer. Sie sind sehr viel zurückhaltender als Italiener oder Spanier und haben einen Hang zur Melancholie.
Der Nationalstolz ist ausgeprägt, weshalb auch der Vergleich mit dem großen Nachbarn Spanien überhaupt nicht gut ankommt. Benutzen Sie darum bloß keine spanischen Vokabeln! „Se faz favor" für Bitte und „Obrigado" bzw. „Obrigada" für Danke sollten Sie draufhaben. Das kommt überall gut an.

Äußerlichkeiten: Frauen wachsen in Portugal meist konservativ auf. Geschäftsfrauen sollten sich ein wenig anpassen und darauf achten, dass ihr Kostüm die Knie bedeckt.
Begrüßung/Anrede: Titel und akademische Grade sind wichtig. Nennen Sie sie bei der Begrüßung.

Trinkgeld: Mit 5 bis 10 % der Rechnung liegen Sie richtig.
Einladungen: Die üblichen Geschenke sind völlig in Ordnung. Einen sehr guten Eindruck machen Sie mit rosa Nelken.
Geschäftsgebaren: Pünktlichkeit gehört zum guten Ton. Verhandlungen können sich ziemlich lang hinziehen, haben Sie also Geduld.
Beachten Sie, dass Portugiesen ungern etwas ablehnen. Sie werden eine negative Haltung lieber höflich umschreiben. Halten Sie es auch so.
Zu Verhandlungen empfiehlt es sich, mit einem Anwalt zu erscheinen.

Spanien

Wie das Sprichwort schon sagt, sind Spanier ziemlich stolz. Vor allem auf ihre Herkunftsregion. Sie sollten also peinlich genau zwischen Spaniern, Katalanen, Galiziern und Basken unterscheiden. Damit machen Sie einen guten Eindruck und zeigen Interesse.
Äußerlichkeiten: Wie in Italien und Frankreich gilt auch hier: Lieber overdressed als zu leger. Zu Verhandlungen erscheint ein Mann auf jeden Fall mit weißem Hemd, dunklem Anzug und mit Krawatte, die Frau mit einem dunklen Kostüm.
Begrüßung/Anrede: Eine Umarmung mit angedeute-

tem Wangenkuss kann einem Handschlag vorgezogen werden. Warten Sie ab, welche Anstalten Ihr Gegenüber macht. Auch mit dem „Du" sind Spanier schnell zur Hand.

Bei Tisch: Nach dem Mittagessen ist eine mehrstündige Siesta ein Muss. Fällt diese ausnahmsweise aus, sodass Sie vom ausgiebigen Geschäftsschmaus gleich wieder an den Verhandlungstisch müssen, verzichten Sie besser auf schwere Speisen und Wein. Ihre spanischen Partner werden beides ohne mit der Wimper zu zucken verzehren und dennoch anschließend topfit sein.

Rechnungen werden übrigens nie geteilt. Entweder sind Sie eingeladen oder Sie laden ein und bezahlen.

Trinkgeld: Legen Sie 10 % des Rechnungsbetrags separat auf ein Tellerchen.

Einladungen: Einladungen nach Hause sind sehr selten und werden manchmal nur aus Höflichkeit ausgesprochen. Wenn Sie eine annehmen, bringen Sie das Übliche mit. Wie in Italien gelten Chrysanthemen aber als Friedhofsblumen, auf die Sie besser verzichten sollten. Es macht sich gut, wenn Sie nach dem Befinden der Familie fragen. Machen Sie sich und Ihrem Magen klar, dass erst gegen etwa 22 Uhr gegessen wird.

Geschäftsgebaren: Gehen Sie großzügig darüber hinweg, dass Ihre Geschäftspartner meist eine halbe Stunde zu spät auftauchen. Seien Sie selbst trotzdem immer pünktlich. Es könnte ja sein, dass der Spanier es ausnahmsweise auch ist.

Den ersten Kontakt sollten Sie, eventuell mithilfe eines Dolmetschers, auf Spanisch aufnehmen. Klären Sie dann, in welcher Sprache verhandelt wird.

> **TIPP**
> Auch wenn Sie ein großer Tierfreund sind und Ihnen die Tiere Leid tun: Kritisieren Sie unter keinen Umständen jemals den Stierkampf gegenüber einem Spanier!

Harte Argumentation ist okay, solange eine angenehme Atmosphäre herrscht. Nehmen Sie sich deshalb auch genügend Zeit für Privates. Üben Sie sich in Diplomatie und vermeiden Sie unbedingt, dass Ihr Verhandlungspartner das Gesicht verlieren könnte.

Die Siesta zwischen 13 und 16 Uhr ist den Spaniern heilig, dafür können Verhandlungen bis 22 Uhr dauern.

Griechenland

Die Griechen sind so stolz wie die Spanier und so temperamentvoll wie die Italiener. Sie sind ein fröhliches, offenes Volk.

Äußerlichkeiten: Aufgrund der hohen Temperaturen wird der Dress-Code hier lockerer gehandhabt. Männer können ruhig einmal mit kurzärmeligem Hemd auftreten. Freizügigkeit gilt jedoch in Griechenland als Geschmacklosigkeit, weshalb bei Frauen kurze Röcke und tiefe Ausschnitte unmöglich sind.

Begrüßung/Anrede: Man wünscht sich lediglich einen guten Tag. Manchmal klopft man Ihnen dazu auch auf die Schulter oder es kommt zu einer Umarmung. Händeschütteln ist aber nicht angesagt. Übrigens: Am Anfang der Woche wünscht man eine schöne Woche, am Anfang des Monats einen schönen Monat.

Bei Tisch: In Griechenland wird viel und gern geraucht. Auch bei Tisch und während andere essen ist es weder verboten noch schlecht angesehen.

Trinkgeld: Geben Sie die üblichen 10 bis 15 %. Lassen Sie das Geld beim Gehen auf dem Tellerchen liegen.

> **TIPP**
> Vermeiden Sie es unbedingt, beim Grüßen die offene Hand zu zeigen! Diese Geste wird in Griechenland als Beleidigung verstanden.

Einladungen: Sollten Sie das Privathaus Ihres Geschäftspartners betreten, überlegen Sie es sich gut, be-

> **INFO**
> Vorsicht! Hier kommt es leicht zu Missverständnissen: Wenn Griechen mit dem Kopf nicken, dann bedeutet dies „Nein", wiegen sie ihn dagegen hin und her, heißt das „Ja". Also genau anders herum als bei uns.

vor Sie z. B. einen Kunstgegenstand der Einrichtung besonders loben. Sitte ist nämlich, dass Sie ihn dann geschenkt bekommen. Passiert das, dann bedanken Sie sich höflich und „vergessen" das gute Stück bei der Verabschiedung. Oder aber Sie nehmen an und machen dafür ein entsprechend wertvolles Gegengeschenk. Mitgebrachte Aufmerksamkeiten sollten immer hochwertig sein. Teurer Whisky oder Branntwein ist in Ordnung. Blumen sollten möglichst zu einem kunstvollen Bukett gebunden sein.

> **TIPP**
> Vermeiden Sie es in jedem Fall, irgend etwas anzusprechen, was mit der Türkei zu tun hat. Zwischen beiden Ländern bestehen empfindliche Animositäten, an denen Sie höflicherweise nicht rühren sollten.

Auf eine angenommene Einladung muss mindestens eine Gegeneinladung folgen.

Geschäftsgebaren: Lernen Sie ein paar Worte griechisch. Diese Geste bringt Ihnen wertvolle Punkte.

Seien Sie stets pünktlich, erwarten Sie das aber nicht vom griechischen Geschäftspartner.

Termine vereinbaren Sie am besten für den Vormittag. Bestätigen Sie Verabredungen immer noch einmal am vorhergehenden Werktag. Keine Verhandlungen oder gar Verträge an einem Dienstag, dem 13ten. Der ist für die Griechen ein Unglückstag!

Der Nahe und Mittlere Osten

Bringen wir zunächst ein wenig Ordnung in die Sprachverwirrung. Oft ist nämlich vom Mittleren Osten als Übersetzung für „Middle East" die Rede. Dieser englische Begriff steht allerdings nur für den Nahen Osten. Auch die Begriffe „arabische" oder „islamische" Welt werden manchmal einfach benutzt, um diesen großen Teil der Erde zu umreißen.

Rein geografisch handelt es sich beim Nahen und Mittleren Osten um die Länder der Arabischen Halbinsel und deren direkte Nachbarn. Vier davon werden hier vorgestellt. Allen gemeinsam ist die Zugehörigkeit zum Islam. Bezeichnen Sie die Gläubigen aber bitte nicht als „Mohammedaner". Das wird als Abwertung aufgefasst. Die korrekte Bezeichnung ist „Muslime".

Die Religion bestimmt hier das Leben weit mehr, als dies in Europa üblich ist. Die gesamte Kultur ist manchem Europäer etwas fremd. Umso wichtiger ist es, mit Fingerspitzengefühl in den Nahen Osten zu reisen.

Passen Sie sich den Gegebenheiten an. Gerade für Geschäftsfrauen kann dies schwierig werden, da Frauen längst nicht den Status der Männer haben und als Verhandlungspartnerin oder Repräsentantin eines Unternehmens sehr viel schwerer akzeptiert werden als ihre männlichen Mitstreiter. Zetteln Sie deshalb keine Rebellion an, sondern akzeptieren Sie die Besonderheiten. Beispielsweise, dass Sie als Frau einem arabischen Mann nicht die Hand hinstrecken dürfen. Überhaupt gilt: Berühren verboten, was unter Männern allerdings ganz anders ist. Für beide Geschlechter gilt: Zeigen Sie keinem Araber Ihre Fuß- oder Schuhsohlen. Er empfindet das als Beleidigung. Und wenn Sie ein Erinnerungsfoto machen möchten, bitten Sie vorher unbedingt um Erlaubnis.

Saudi-Arabien

Saudi-Arabien ist gleichzeitig ein recht liberales unter den arabischen Ländern und dennoch sehr streng mit dem islamischen Glauben verbunden. Der Tourismus erwacht erst ganz allmählich, so dass Europäer noch ein wenig exotisch wirken. Da Sie also sowieso schon auffallen, halten Sie sich an die Verhaltensregeln, damit Sie keinen negativen Eindruck hinterlassen.

Äußerlichkeiten: Anzug und Kostüm sind akzeptiert. Es kommt einfach darauf an, dass möglichst wenig Haut gezeigt wird. Frauen sollten ein Kopftuch und einen langen Mantel griffbereit haben. Verzichten Sie auf körperbetonte Kleidung.

> **INFO**
>
> Denken Sie bei der Anreise daran, dass Sie auf gar keinen Fall Alkohol bei sich haben dürfen oder Schriften, die sich gegen den Islam wenden oder pornografischen Inhalt haben (Schon der „Playboy" gilt in Saudi-Arabien allerdings als heftige Pornografie).

Kurze Hosen sind bei Männern auch nach Abschluss geschäftlicher Termine nicht angebracht. In Saudi-Arabien haben nämlich Unterhosen die Form von Shorts, so dass Sie sich mit tatsächlichen Shorts mehr als lächerlich machen würden.

Bedenken Sie, dass Geschäftsessen nicht selten auf dem Boden sitzend eingenommen werden. Ihre Kleidung sollte daher entsprechend bequem sein.

Begrüßung/Anrede: Wenn Sie als Mann einen Mann begrüßen, achten Sie darauf, ob er eine Umarmung einleiten will. Ist das der Fall, machen Sie keinen Rückzieher, sondern erwidern diese aufs herzlichste. Vielleicht reicht er Ihnen auch nur die Hand. Das Händeschütteln kann allerdings länger dauern, als Sie es aus Europa gewöhnt sind.

Vermutlich wird Ihnen eine Frau im Business nicht begegnen. Im seltenen Ausnahmefall warten Sie erst einmal ab. Normalerweise grüßen Sie nur verbal. Es kann aber sein, dass die Dame Ihnen die Hand hinstreckt, weil sie sich möglicherweise aus Höflichkeit Ihren Gepflogenheiten anpasst. Machen Sie's dann kurz und blicken Sie ihr höchstens für einen winzigen Moment in die Augen. Als europäische Frau beschränken Sie sich ebenfalls auf die rein verbale Begrüßung. Nur, wenn Ihnen unmissverständlich die Hand gereicht wird, schütteln Sie diese auch.

Titel spielen in Saudi-Arabien eine große Rolle. Vergessen Sie nicht, sie bei der Begrüßung zu nennen.

Bei Tisch: Natürlich kann es auch vorkommen, dass Ihr Partner gar kein Muslim ist. Gehen Sie aber vorsichtshalber davon aus, dass er es ist und deshalb weder Alkohol noch Schweinefleisch konsumieren darf.

Tee und Kaffee vor dem Essen und zwischendurch sind an der Tagesordnung. Wenn Sie nicht aufpassen, werden Sie damit regelrecht abgefüllt. Schwenken Sie Ihr Glas, damit der Kellner weiß, dass Sie genug haben.

Sollte einmal kein Besteck ausliegen, heißt das, dass Brot als solches fungiert. Sie nehmen die Mahlzeit damit auf und beißen ab. Nie die Speisen vom Brot ablutschen!

Trinkgeld: Angemessen sind zwischen 10 und 15 %.

Einladungen: Wenn Sie in ein privates Haus eingeladen werden, ist das eine extrem große Ehre, denn es kommt äußerst selten vor. Ziehen Sie vor dem Eintreten die Schuhe aus und bringen Sie großen Hunger mit. An der Menge, die Sie verspeisen, wird nämlich abgelesen, wie es Ihnen gefällt.

> **INFO**
>
> Ähnlich wie in Griechenland sollte man auch in Saudi-Arabien vorsichtig sein mit dem Loben von exquisiten Dekorationsgegenständen im Hause des Gastgebers. Er könnte sich leicht verpflichtet fühlen, sie Ihnen zu überlassen. Halten Sie sich deshalb mit diesbezüglichen Komplimenten besser zurück.

Einladungen werden übrigens immer angenommen. Denken Sie daran, ebenfalls eine Einladung auszusprechen. Bringen Sie auf gar keinen Fall Alkohol mit. Edle Pralinen (ohne „edle Tropfen" darin) und hochwertige Souvenirs aus Ihrer Heimat sind dagegen in Ordnung.

Achtung: Anders als in anderen Ländern spricht man nicht mit Fremden über die Familie. Hier gilt die Frage danach, wie es denn der Familie gehe, als unhöfliche Indiskretion.

Geschäftsgebaren: Im Ramadan, dem Fastenmonat sollten keine Termine vereinbart werden. Stimmen Sie Ihren Jahresterminplan also so ab, dass Sie nicht in dieser Zeit in den Nahen und Mittleren Osten reisen.

Wenn Sie weiblichen Geschlechts sind und mit Saudi-Arabien Geschäfte machen wollen, nehmen Sie aufgrund der schwierigen Position, die Frauen dort haben, am besten männliche Begleitung mit.

Beeindrucken können Sie mit brillanten arabischen Sprachkenntnissen. Falls Sie solche nicht haben, seien Sie beruhigt: Englisch wird häufig als Verhandlungssprache anerkannt. Informieren Sie sich, ob das auch in Ihrem Fall so ist. Nutzen Sie sonst getrost die Hilfe eines Übersetzers.

Planen Sie viel Zeit ein. Vor dem Geschäftlichen wird gern über Privates geplaudert. Auch die eigentlichen Verhandlungen können sich sehr in die Länge ziehen. Machen Sie bloß keinen Druck! Gelassenheit ist gefragt. Gehen Sie übrigens ganz locker mit körperlicher Nähe um. Man sitzt in Saudi-Arabien einfach eng beisammen. Keinesfalls auf Distanz gehen!

Vereinigte Arabische Emirate

Hier handelt es sich um ein Staatenbündnis der folgenden sieben Emirate: Abu Dhabi, Umm al-Qaiwain, Fujairah, Ras al-Khaimah, Sharjah, Dubai und Ajman.
Wie Saudi-Arabien gelten auch die Vereinigten Arabischen Emirate unter den islamischen Ländern als liberal, wobei die Definition des Begriffs natürlich relativ ist.

> **TIPP** ▶
> Bevor Sie jemanden fotografieren, müssen Sie unbedingt fragen. Frauen fotografieren Sie besser gar nicht, denn Sie müssten sie ansprechen, um die Erlaubnis zu erbitten. Eine Frau auf der Straße anzusprechen ist aber verboten.

Europäer werden den Verhaltenskodex, der unbedingt zu beachten ist, wahrscheinlich immer als eher streng und konservativ empfinden. Jedoch merkt man sehr deutlich eine westliche Orientierung. So ist Englisch neben dem Arabischen eine übliche Geschäftssprache.

Äußerlichkeiten: Geschäftsfrauen aus dem Ausland müssen zwar keinen Schleier tragen, sollten sich aber unbedingt konservativ kleiden.

Begrüßung/Anrede: Zu einer leichten Verneigung werden die Worte „As-salam alaikum" gesprochen. Das heißt: „Friede sei mit dir." Sie erwidern natürlich: „Friede sei auch mit dir." Und das heißt: „Wa alaikum as-salam."

Bei Tisch: Essen Sie niemals mit der linken Hand. Sie wird als unrein angesehen. Da Alkohol tabu ist, orientieren Sie sich an dem, was Ihre Gastgeber bestellen.

Einladungen: Die Menschen der sieben Emirate sind ausgesprochen gastfreundlich und laden gern und häufig ein, in ein Restaurant oder auch zu sich nach Hause. Geeignete Präsente sind hochwertige Souvenirs aus Ihrer Region. Alkohol geht natürlich nicht.

Geschäftsgebaren: Persönliche Nähe, sowohl körperlich als auch geistig, spielt eine entscheidende Rolle. Es wird einfach nicht so zwischen privat und geschäftlich getrennt, weshalb Sympathie auch ausschlaggebend für das Gelingen von Verhandlungen ist.

Nehmen Sie sich viel Zeit für Smalltalk. Ungeduld und Drängelei werden als ziemlich unhöflich empfunden. Entscheidungsträger sind meistens die ältesten Herren in der Führungsetage. Zu ihnen lassen Sie sich am besten einen Kontakt durch einen Vermittler, „Liaison-Officer" genannt, herstellen. Dieser kann übrigens auch Kritik bzw. Nachrichten übermitteln, die Sie in Verhandlun-

> **INFO**
>
> Vorsicht im Straßenverkehr! Falls Sie einen Unfall verursachen, können Sie im Gefängnis landen, bis Ihr Unfallgegner sich von seinen Verletzungen erholt hat. Gleiches erwartet Sie auch, wenn Sie einem Unfallopfer Erste Hilfe leisten und ihm dabei Schaden zufügen.
> Selbst Bagatellschäden müssen der Verkehrspolizei gemeldet werden. Fahren Sie also nicht einfach weiter, weil es ja „nur kleine Kratzer" gegeben hat. Am besten überlegen Sie sich gut, ob Sie sich überhaupt selbst ans Steuer setzen wollen.

gen lieber hinunterschlucken, weil Ihr Gegenüber dadurch sein Gesicht verlieren würde.
Der Verhandlungston ist höflich und diplomatisch. Sie werden kaum strikte Ablehnung erfahren. Es wird eher drumherum geredet. Dasselbe sollten Sie auch tun. Verpacken Sie Kritik nett, z. B. als Verbesserungsvorschlag einer ohnehin schon tollen Idee und seien Sie auf rhetorisch brillante Geschäftspartner gefasst.

Israel

Ausschlaggebend in Israel sind natürlich jüdische Traditionen und Gepflogenheiten. Zwar findet man in diesem Land Angehörige verschiedenster Religionen, die dominante Religion ist aber das Judentum.

Bedenken Sie als Deutscher das noch immer sehr empfindliche Verhältnis zwischen Israel und Deutschland. Gerade im Umgang mit älteren Menschen ist viel Fingerspitzengefühl angesagt.

Äußerlichkeiten: Zwar ist förmliche Kleidung im Job angebracht, sie darf aber – besonders bei großer Hitze – ruhig etwas legerer ausfallen. Männer können gut auf eine Krawatte verzichten. Frauen dürfen sogar im sommerlichen Kleid erscheinen, soweit es nicht durchsichtig oder sehr freizügig ist.

Falls Sie mit Ihrem Geschäftspartner (oder in Ihrer Freizeit allein) eine religiöse Stätte aufsuchen, müssen Sie sich als Mann die traditionelle jüdische Kappe und als Frau ein Kopftuch aufsetzen. Beides ist am Eingang einer Synagoge leihweise zu haben.

Begrüßung/Anrede: Warten Sie ab, ob man Ihnen die Hand reicht. Das kann vorkommen, ist aber nicht zwingend üblich. Es kann auch sein, dass Ihnen freundschaftlich auf die Schulter geklopft wird. Passen Sie sich entsprechend an und sagen Sie ein freundliches „Shalom". Das bedeutet „Frieden" und wird praktischerweise zu jeder Tageszeit sowohl als Begrüßungs- als auch als Verabschiedungsformel verwendet.

> **INFO**
> Am Sabbat, der am Freitagabend bei Sonnenuntergang beginnt und am Samstagabend endet, darf weder in Hotels noch in Restaurants geraucht werden.

Vermutlich wird man Sie mit Namen und Titel vorstellen, falls Sie Letzteren haben. Generell stehen Titel aber nicht hoch im Kurs. Machen Sie sich darauf gefasst, dass zwar gesiezt wird, der Vorname aber bald die Nennung des Nachnamens ablöst.

Bei Tisch: Sparen Sie sich die Frage nach Schweinefleisch oder ganz bestimmten Speisezusammenstellungen, denn es könnte sein, dass Sie in ein koscheres Restaurant geführt werden. Koscher bedeutet „rein" oder auch „tauglich" und kann außer auf die Speisen und deren Zubereitung auf so ziemlich alles bezogen sein, was die jüdischen Traditionen betrifft. Ob Alkohol getrunken wird, hängt von Ihrem Gastgeber ab.

Trinkgeld: Manchmal ist der Service bereits enthalten. Wenn nicht, sind Sie mit 10 bis 15 % des Rechnungsbetrags auf der sicheren Seite.

> ▼ TIPP
> Bringen Sie von sich aus besser weder die Palästinenserproblematik noch andere politische Themen zur Sprache, denn dies sind heikle Punkte, bei denen Sie schnell jemandem zu nahe treten können.

Einladungen: Eine Einladung für den Abend bedeutet nicht zwingend, dass es etwas zu essen gibt. Nehmen Sie zur Sicherheit eine Kleinigkeit zu sich, wenn nicht ausdrücklich zum gemeinsamen Speisen gebeten wird. Auch in Israel sollten Sie selbst immer pünktlich kommen, jedoch nicht erwarten, dass Israelis dies auch tun. Mit Büchern als Gastgeschenk machen Sie sich immer Freunde. Falls der Gastgeber deutsch spricht, darf es gern ein Band in deutscher Sprache sein.

Geschäftsgebaren: Schauen Sie Ihrem Gegenüber viel und unbeirrbar in die Augen. Das wird Ihnen als Charakterstärke ausgelegt, was Ihre Position verbessert. Geschäftstermine machen Sie selbstverständlich nicht am Sabbat. Schon ab Freitagmittag ruht das Geschäftsleben und es finden keine Verhandlungen statt.

Machen Sie sich auf harte Verhandlungspartner gefasst, die bestens vorbereitet sind. Ihre einzige Chance: Seien Sie das auch! Smalltalk, bei dem es auch gern recht privat werden darf, ist erwünscht.

Reden Sie bei Verhandlungen nie um den heißen Brei herum, sondern kommen Sie in sachlichen Dingen schnell auf den Punkt. Aber: Verlieren Sie dabei nie Ihren Humor. Kritik äußern ist okay, Verärgerung zeigen weniger. Wenn Sie im Eifer des Gefechts Ihrem „Gegner" ins Wort fallen, ist das kein Problem. Im Gegenteil. Es gehört zur Verhandlungskultur.

Die Amtssprachen in Israel sind Hebräisch und Arabisch. Mit Englisch oder Französisch kommen Sie in geschäftlichen Dingen aber meist zurecht. Klären Sie vorher die Frage, welche Sprache genutzt werden soll, damit Sie sich gegebenenfalls Unterstützung von einem Dolmetscher holen können.

Iran

Der absolut überwiegende Teil der Bevölkerung sind Muslime. Wiederum davon der Löwenanteil sind Schiiten, die sonst eine muslimische Minderheit darstellen. Im Gegensatz zu der muslimischen Mehrheit, den Sunniten, messen die Schiiten den Aussprüchen des Imam eine ebenso große Bedeutung zu wie dem Koran. Der Imam gilt als unfehlbar, was seine große Macht erklärt. Und noch eine schiitische Besonderheit: Es gibt die ausgesprochene moderne Einrichtung der Ehe auf Zeit. Dies ist eine vereinfachte Form der Heirat, bei der eine Befristung festgelegt und die Ehefrau entlohnt wird.

Äußerlichkeiten: Bei normalen Geschäftsbesprechungen dürfen Männer auf die Krawatte verzichten, im Restaurant oder zu besonderen Anlässen aber nicht.

> ▶ TIPP
>
> Beachten Sie bei der Anreise: Weder CD- noch MP3-Player sowie CDs, Videos und Ähnliches haben in Ihrem Gepäck etwas zu suchen.
> Lassen Sie auch Kartenspiele und Zeitschriften oder Bücher mit freizügigen Abbildungen besser zu Hause, wenn Sie sich Ärger ersparen wollen.

Frauen haben es bedeutend schwerer: Sie dürfen sich keinesfalls schminken, und figurbetonte Bekleidung ist tabu. Die Haut muss vollständig bedeckt sein, nur Hände und Gesicht dürfen zu sehen sein. Nehmen Sie sich am besten einen langen weiten Mantel mit, den Sie im Zweifelsfall rasch überziehen können. Normalerweise wird aber eine lange Hose mit langärmeligem Oberteil und dazu ein Tuch für Kopf und Hals akzeptiert. Achten Sie auch bei der Wahl der Schuhe darauf, dass keine Haut zu sehen ist. Tragen Sie Strümpfe und verzichten Sie auf Sandaletten.

Lassen Sie Ihren Schmuck daheim. Er kommt nicht gut an und ist unter der umfassenden Bekleidung ohnehin nicht zu sehen.

Begrüßung/Anrede: Ausgiebiges Händeschütteln ist an der Tagesordnung. Selbstverständlich nur zwischen Männern. Frauen geben höchstens Frauen die Hand. Männer dürfen iranische Frauen – egal in welcher Art – keinesfalls in der Öffentlichkeit berühren.

Sprechen Sie Ihren Geschäftspartner mit dem Nachnamen an. Auch eventuelle Titel sollten Sie nicht zu nennen vergessen.

Bei Tisch: Im Iran wird gern und viel Tee getrunken. So machen Sie es richtig: Nehmen Sie einen Würfelzucker zwischen die Zähne und schlürfen Sie den Tee hindurch. In großen internationalen Hotels oder Restaurants wird man Ihnen Besteck hinlegen. In allen anderen Fällen führen Sie die Speisen mit der rechten (!) Hand zum Mund. Es ist auch okay, wenn Sie etwas Brot zum „Greifer" um-

funktionieren, mit dem Sie die Speisen aufnehmen können. Alkoholkonsum ist im Iran strengstens untersagt. Kommen Sie also besser nicht auf die Idee, nach einem Gläschen Wein oder einem zünftigen Bier zu verlangen.
Trinkgeld: Im Iran ist Trinkgeld nicht obligatorisch. Geben Sie aber ruhig eine Kleinigkeit, wenn Sie mit einer Dienstleistung einmal ganz besonders zufrieden waren.
Einladungen: Die Menschen im Iran sind sehr gastfreundlich. Sie werden also vermutlich immer wieder eingeladen. Nehmen Sie Einladungen auch immer an!
Der Verhaltenskodex bei privaten Besuchen erscheint dem Europäer mehr als befremdlich. Aber denken Sie stets daran: Andere Länder, andere Sitten. Halten Sie sich also an die Spielregeln und ignorieren Sie die Hausfrau fast vollständig. Natürlich dürfen Sie sie knapp begrüßen. Blickkontakt ist dabei aber unerwünscht. Beginnen Sie auch kein Gespräch mit ihr. Sprechen Sie auch den Hausherrn nicht auf seine Frau oder Familie an. Hochwertige Schokolade oder andere Süßigkeiten sind willkommene Mitbringsel. Alkohol darf darin natürlich nicht einmal in Spuren enthalten sein.
Wenn Sie sich für Blumen entscheiden, dürfen diese nicht gelb sein, damit würden Sie eine feindliche Gesinnung zum Ausdruck bringen. Vor dem Betreten des Hauses ist es üblich, die Schuhe auszuziehen.

Geschäftsgebaren: Die üblichen Geschäftszeiten sind für den Europäer alles andere als vertraut. Hier wird nämlich von Samstag bis Mittwoch gearbeitet, am Donnerstag nur manchmal, und wenn, dann nur vormittags. Der Freitag ist komplett frei.

> **INFO**
> Nehmen Sie Verbote unbedingt ernst! Wer glaubt, er müsse das Land liberalisieren, kann sich und Einheimische, zu denen er Kontakt hat, in ernste, ja lebensbedrohende Schwierigkeiten bringen. Sprechen Sie unter keinen Umständen eine iranische Frau an. Weder um ihr zu helfen, noch um ihre Hilfe oder eine Auskunft zu erbitten. Kavaliere sind nicht gefragt.

Frauen sollten sich am besten mit einem Partner oder mit Kollegen auf den Weg in die Islamische Republik Iran machen. Auf keinen Fall dürfen Sie Ihre iranischen Kontaktpersonen vor Ihrem Besuch über Ihr Geschlecht im Unklaren lassen.

Mündlich geschlossene Verträge oder Vereinbarungen sind in allen Details gültig. Nehmen Sie sich ausreichend Zeit, um eine Vertrauensbasis für eine langfristige Zusammenarbeit zu schaffen. Das zählt im Iran viel.

Afrika

Der afrikanische Kontinent setzt sich aus einer großen Anzahl sehr verschiedener Länder zusammen. Naturgemäß müssen Sie die unterschiedlichsten Dinge beachten, denn Sie haben es hier sowohl mit islamischen als auch mit eher westlich orientierten Ländern zu tun.

> ▼ INFO
>
> Ob Sie große Unterschiede zwischen den Gepflogenheiten in den afrikanischen Ländern und denen in Europa feststellen werden, hängt auch davon ab, ob Sie sich in einer Großstadt oder aber auf dem Lande bewegen.

Tunesien

In Tunesien geht es nicht so streng zu wie in anderen islamischen Ländern. Trotzdem: Tunesien ist natürlich vom Islam geprägt, was einige Verhaltensregeln bedingt. Sie dürfen sich aber auf ein gastfreundliches Volk einstellen, das äußerst gern ein Schwätzchen hält. Wer in Eile ist und keine Zeit für einen Plausch hat, macht sich nicht sonderlich beliebt.

Äußerlichkeiten: Erwartungsgemäß ist man in Tunesien mit dem üblichen Business-Look gut bedient, wenn man auf freizügige Varianten verzichtet. Also: Keine unbedeckten Knie und Schultern, keine großen Ausschnitte!

Begrüßung/Anrede: Reichen Sie zur Begrüßung die Hand und begrüßen Sie die Einheimischen mit deren Titel und Nachnamen, so, wie Sie es von zu Hause gewohnt sind. Ältere Menschen stehen im Rang weit oben und werden zuerst begrüßt. Dann sind die Männer und zum Schluss erst die Frauen an der Reihe.

Als Mann, der eine tunesische Frau begrüßt, sollten Sie stets abwarten, ob sie Ihnen die Hand reicht. Wenn nicht, dann respektieren Sie, dass Körperkontakt nicht erwünscht ist.

Bei Tisch: Nehmen Sie Rücksicht auf Muslime, die weder Schweinefleisch noch Alkohol anrühren, und passen Sie sich entsprechend an.

Meist wird sehr reichlich aufgetischt. Lehnen Sie nicht schon den ersten Nachschlag ab. Das wäre unhöflich. Gar nicht unhöflich dagegen ist es, wenn Sie einen kleinen Rest auf dem Teller zurücklassen. Sie zeigen mit

diesem „Anstandsrestchen", dass Sie satt geworden sind.
Trinkgeld: In Restaurants und im Taxi sind 10 bis maximal 15 % der übliche Satz.
Einladungen: Die private Einladung eines Tunesiers gilt als Ehre und wird nicht abgelehnt! Wenn Sie wärend Ihres Aufenthalts im Land die Gelegenheit haben, sollten Sie eine Gegeneinladung aussprechen.
Ziehen Sie auf jeden Fall die Schuhe aus, bevor Sie das Haus Ihres Gastgebers betreten.
Blumen sind ebenso wenig als Gastgeschenk geeignet wie Alkohol. Mit Süßigkeiten, möglichst Spezialitäten aus Deutschland, liegen Sie dagegen richtig.
Geschäftsgebaren: Neben Arabisch ist Französisch

> **TIPP**
> Auch wenn Sie eine noch so emanzipierte Geschäftsfrau sind: Gehen Sie in Tunesien nicht allein in ein Café. Dies ist noch immer die Domäne der Männer. Ignorieren Sie das, dann dürfen Sie sich über verbale Angriffe oder lästige Anmache nicht wundern.

Amtssprache. Machen Sie zunächst ein bisschen Smalltalk und fragen Sie nach der Familie. Auf geschäftliche Dinge kommen Sie erst nach persönlichem Geplauder zu sprechen. Es ist empfiehlt sich, die Dinge nie direkt beim Namen zu nennen. Das gilt besonders für Kritik. Lassen Sie sich Verärgerung oder Ungeduld nicht anmerken. Bleiben Sie immer gelassen und freundlich.

Marokko

Von den nordafrikanischen Ländern ist Marokko dasjenige, in dem der Islam am strengsten umgesetzt wird. Als Geschäftsfrau sollte man sich daher am besten einen Übersetzer oder anderen männlichen Begleiter mitnehmen, um sich unbeschwert bewegen zu können.

> **TIPP**
> Es ist sehr empfehlenswert, in Marokko besser darauf zu verzichten, selbst Auto zu fahren. Der Straßenverkehr ist höchst gefährlich, die Unfallrate sehr hoch.

Das Temperament der Marokkaner kann dem Mittel- oder Nordeuropäer etwas gewöhnungsbedürftig erscheinen. Händler und Kinder bestürmen Ausländer dort, wo viele Touristen sind, hartnäckig. Das ist allerdings nicht böse gemeint. Lehnen Sie einfach Kaufangebote oder den Vorschlag, ein Foto zu machen, freundlich und bestimmt ab.

Äußerlichkeiten: In diesem Bereich gelten die gleichen Regeln wie in Tunesien.

Begrüßung/Anrede: Auch hier gelten dieselben Gepflogenheiten wie im Nachbarland. Sollte Ihnen eine marokkanische Frau vorgestellt werden, berühren Sie diese auf keinen Fall! Es sei denn, sie reicht Ihnen unmissverständlich die Hand.

Bei Tisch: Da der Islam hier konsequenter praktiziert wird als z. B. in Tunesien, kann es leicht passieren, dass Ihnen in einem Restaurant kein Alkohol serviert wird. Beharren Sie nicht darauf, sondern verzichten Sie am besten wie selbstverständlich auf den Genuss.

Trinkgeld: Geben Sie dem Taxifahrer und dem Kellner zwischen 10 und 15 % des Rechnungsbetrages.

Einladungen: In Marokko verhalten Sie sich bei privaten Einladungen wie in Tunesien.

Vor und nach dem Essen waschen sich alle die Hände. Ein Mahl besteht zumeist aus mehreren Gängen. Denken Sie daran, wenn Sie sich den Teller beladen.

Geschäftsgebaren: Die Gepflogenheiten im Geschäftsleben sind mit denen in Tunesien vergleichbar.

Algerien

Algerien ist das wohl exotischste der drei nordafrikanischen Länder. 99 % der Algerier gehören der islamischen Religionsgemeinschaft an. Entsprechend gilt es, viel Rücksicht auf die Grundsätze des Islam zu nehmen. Tourismus ist dort nicht sehr verbreitet. Erdöl, Erdgas und andere Bodenschätze sorgen aber dafür, dass die Industrie an Bedeutung gewinnt. Papier- und Textilindustrie und auch die Hersteller von Elektroartikeln gewinnen international an Bedeutung.

Was die Benimmregeln angeht, orientieren Sie sich am besten an Marokko.

Bei Tisch: Auch in Restaurants wird nicht selten auf dem Boden gesessen. Denken Sie immer daran, niemandem Ihre blanken Fußsohlen oder die Schuhsohlen zu zeigen. Verbergen Sie diese am besten, indem Sie sich im Schneidersitz niederlassen.

Sollte ausnahmsweise nicht mit Besteck gegessen werden, dann verwenden Sie Brotstücke als Hilfsmittel, um das Essen in den Mund zu befördern. Dies darf aber ausschließlich mit der rechten Hand geschehen, denn auch in Algerien gilt die linke Hand als unrein.

Ägypten

Ägypten wird Ihnen möglicherweise sehr europäisiert vorkommen, vor allem dann, wenn Sie es mit der jungen Generation des Landes zu tun haben. Tatsächlich ist der Umgang mit dem Islam hier recht liberal. Von einem

Ausländer wird nicht erwartet, sich diesbezüglich an strenge Regeln zu halten. Umso schöner, wenn Sie dennoch ein wenig Rücksicht darauf nehmen.

Äußerlichkeiten: Greifen Sie in Ägypten zum üblichen Geschäfts-Outfit. Schwarz trägt man hier allerdings nur zu Beerdigungen! Wählen Sie also lieber eine andere gedeckte Farbe. Männer dürfen übrigens ohne Bedenken kurzärmelige Hemden unter dem Anzug tragen.

Begrüßung/Anrede: Neben der Ihnen vertrauten Begrüßung per Handschlag (mit der reinen rechten Hand!) kann ein Ägypter Sie durchaus auch einmal in den Arm nehmen. Sträuben Sie sich dann nicht dagegen. Frauen sind im Geschäftsleben noch immer unterrepräsentiert. Wenn Frauen auftreten, werden diese Ihnen meist auch die Hand reichen. Wenn nicht, verzichten auch Sie auf diese Geste.

Es ist gut, dem Gesprächspartner in die Augen zu blicken. Bei einer Frau sollten Sie den Blickkontakt jedoch beschränken.

Einladungen: Sind Sie als Frau mit einem männlichen Kollegen in Ägypten, so hüten Sie sich davor, ihn zu einer Einladung zu begleiten, die nur ihm gegenüber ausgesprochen wurde. Nur, wenn eine Frau ausdrücklich selbst eingeladen wird, darf sie mitkommen. Das heißt dann auch: sie muss. Eine Einladung lehnt weder Mann noch Frau ab. Das käme einem kleinen Skandal gleich.

Die Schuhe sollten Sie vor dem Betreten des Hauses nur dann ausziehen, wenn Sie dort bereits andere Schuhe oder bereit gestellte Pantoffeln entdecken. In einem Privathaus kann es durchaus sein, dass auf Kissen auf dem Boden Platz genommen wird. Denken Sie daran, niemandem die Schuhsohlen bzw. Fußsohlen zu zeigen.

Vor und nach dem Essen wird eine Schüssel mit Wasser herumgereicht. Diese ist zum Händewaschen da.

Ägypter erwarten kein Gastgeschenk, dafür aber eine Gegeneinladung. Trotzdem sind Sie gut beraten, wenn Sie ein kleines Souvenir aus Ihrer Heimat, Süßigkeiten und auch etwas für die Kinder mitbringen. Das Lohnniveau in Ägypten ist nicht sehr hoch. Beschämen Sie deshalb auf keinen Fall mit übertrieben teuren Geschenken. Es geht vielmehr um die Aufmerksamkeit.

Geschäftsgebaren: Lassen Sie sich niemals anmerken, dass Ihnen etwas nicht schnell genug geht. Sie müssen immer Zeit für mehrere Tassen Tee oder Kaffee und viel Plauderei haben. Ungeduld und Hektik wirken sehr unhöflich auf Ihre Gastgeber.

Platzieren Sie Ihre Geschäftstermine außerhalb des Fastenmonats. Geschäftszeiten sind in der Regel von Samstag bis Donnerstag und meist nur bis um 14 Uhr. Seien Sie vorsichtshalber stets pünktlich, auch wenn Terminvereinbarungen von Ihren Gastgebern eher nicht auf die Minute eingehalten werden.

Bringen Sie Ihre Visitenkarte in arabischer Sprache mit. Das macht Eindruck!

Südafrika

Rund 40 Millionen Menschen leben hier. Sie gehören vielen verschiedenen Volksgruppen mit unterschiedlicher Kultur und Herkunft an, z. B. den Zulu, den Xhosa, Sotho oder kleinen Grüppchen wie den Ndebele. Kein Wunder, dass es elf anerkannte Landessprachen gibt. Geprägt ist Südafrika noch immer von der 1992 offiziell abgeschafften Apartheid. Das heißt, weiße Südafrikaner mit einem europäischen bis amerikanischen Lebensstil bestimmen das Bild. Bevor Sie nach Südafrika reisen, sollten Sie sich informieren, welcher Volksgruppe Ihre Geschäftspartner angehören, um sich entsprechend darauf einstellen zu können.

Äußerlichkeiten: Mit dem europäischen – oder besser gesagt internationalen – Dress-Code liegt man auch in Südafrika richtig. Wobei es nicht selten etwas legerer zugeht. Auf die Krawatte darf schon mal verzichtet, das Jackett bei großer Hitze abgelegt werden. Machen Sie es Ihrem Geschäftspartner nach.

Begrüßung/Anrede: Sich einander die Hand zu geben, ist unter weißen Südafrikanern nicht sehr verbreitet. Ein lockeres „Hello" reicht den meisten als Begrüßung. Titel stehen jedoch hoch im Kurs und sollten erwähnt werden.

Schwarze Südafrikaner praktizieren dagegen manchmal einen Handschlag, zu dem beide Hände benutzt werden. Niemand erwartet von Ihnen, dass Sie diese Rituale beim ersten Treffen perfekt beherrschen. Gucken Sie sich einfach ein bisschen etwas ab und passen Sie sich entsprechend an. Ein rascher Wechsel vom Nach- auf den Vornamen ist üblich.

Bei Tisch: Es ist absolut unüblich, dass jeder getrennt bezahlt. Meist wird Ihr Partner Sie in ein Restaurant einladen und selbstverständlich auch bezahlen. Liegt in einem Spezialitätenrestaurant kein Besteck bereit, essen Sie immer mit der rechten Hand.

> **INFO**
> → Weiße Südafrikaner zeigen gern, was sie haben. Andererseits schätzen sie aber ein bescheidenes Auftreten Ihrerseits.
> → Behalten Sie Ihre Meinung über die Apartheid und die Umsetzung von deren Abschaffung besser für sich. Sport ist ein sehr viel besseres Thema.

Trinkgeld: 10 % der Rechnung sind überall üblich.

Einladungen: Es ist nicht sehr verbreitet, jemanden zu sich einzuladen, mit dem man Geschäfte macht. Wenn es dennoch vorkommt, bringen Sie eine gute Flasche Wein oder ein Buch mit. Auch aufwändig zusammengestellte und gebundene Blumensträuße kommen gut an.

Geschäftsgebaren: Vereinbaren Sie einen Termin und schicken Ihre Visitenkarte bereits im Vorfeld mit. Steht das Treffen kurz bevor, lassen Sie den Termin noch einmal bestätigen und nehmen ihn dann pünktlich wahr.

Verhandlungen werden gleichzeitig zielorientiert und freundlich entspannt geführt. Haben Sie immer ein Lächeln auf den Lippen, und seien Sie für ein Späßchen bereit!

Namibia

Namibia ist das jüngste und eines der reicheren Länder Afrikas. Das traditionelle Erbe verbindet sich hier auf überaus faszinierende Weise mit europäischen Einflüssen.
In Namibia leben 12 Volksgruppen (z. B. die Herero, Ovambo, Damara). Sie sprechen alle ihre eigene Sprache, die verbindende Amts- und Landessprache ist Englisch.
Die meisten Weißen, die im Land leben, stammen ursprünglich aus Deutschland.

Äußerlichkeiten: Es wird der übliche Business-Look erwartet. Er darf aber ein wenig legerer ausfallen.

Bei Tisch: Scheuen Sie sich nicht, Wildsorten zu probieren, die Ihnen eigentlich nicht geläufig sind. Springbock oder Kudu stehen gern auf der Speisekarte. Rümpfen Sie auch nicht die Nase, wenn man Ihnen Biltong (getrocknetes Antilopenfleisch) anbietet.

Alkohol darf nur in einigen Lodges oder Hotels ausgeschenkt werden. Wenn Sie welchen trinken möchten, er-

kundigen Sie sich dezent danach. Im Zweifelsfall verzichten Sie besser darauf und bestellen etwas anderes.
Trinkgeld: Geben Sie im Restaurant 10 % des Rechnungsbetrages. Sollten Sie mit dem Auto unterwegs sein, geben Sie dem Tankwart einen oder zwei Namibia-Dollar. Ein Kofferträger erhält zwischen zwei und fünf Namibia-Dollar.
Einladungen: Ein Gastgeschenk von guter Qualität wird erwartet.
Geschäftsgebaren: Verhandlungen werden auf Englisch oder Afrikaans geführt. Bis zur Unabhängigkeit 1990 war Deutsch die dritte Amtssprache. Es wird deshalb noch von vielen Menschen gesprochen oder zumindest gut verstanden. Sie machen einen guten Eindruck, wenn Sie vorher fragen, ob es in Ordnung ist, auf Deutsch zu kommunizieren. Setzen Sie es nicht voraus. Mit europäischen Verhaltensweisen bei Verhandlungen kommen Sie recht gut zurecht.

Nigeria
Mit fast 130 Millionen Einwohnern ist Nigeria das am stärksten bevölkerte Land Afrikas. Die Bevölkerung setzt sich aus ca. 300 bis 400 verschiedenen ethnischen Gruppen zusammen. Etwa die Hälfte der Einwohner gehört dem muslimischen Glauben an.

Äußerlichkeiten: Es wird ein formeller Business-Look erwartet, also Auszug oder Kostüm in gedeckten Farben.
Begrüßung/Anrede: Warten Sie ab, ob man Ihnen die Hand reicht. Wichtig ist, dass Sie die Anwesenden in der Reihenfolge ihres Ranges begrüßen.
Bei Tisch: In Nigeria gibt es eine große Zahl Muslime. Seien Sie daher sensibel im Umgang mit Alkohol.
Einladungen: Gastgeschenke haben in diesem Land einen hohen Stellenwert. Bringen Sie ruhig schon zu Ihrem ersten geschäftlichen Termin etwas mit. Wenn Sie eingeladen sind, ist ein Geschenk Pflicht. Edle Weine oder andere europäische Statussymbole kommen gut an. Bevor Ihre Wahl auf Alkohol fällt, sollten Sie allerdings sicher sein, dass der Beschenkte kein Muslim ist.

> **INFO**
> Das Militär hat in Nigeria einen hohen Stellenwert und genießt sehr hohes Ansehen. Zeigen Sie also höflicherweise den nötigen Respekt.

Geschäftsgebaren: Amts- und damit auch Verhandlungssprache ist Englisch. Legen Sie Termine genau fest und halten Sie diese auch ein. Ärgern Sie sich nicht, wenn Ihre Partner es mit der Pünktlichkeit nicht ganz so genau nehmen.

> **INFO**
> Leider haben nigerianische Geschäftsleute damit zu kämpfen, dass es in Außenhandelsbeziehungen zu Unregelmäßigkeiten gekommen ist. Noch immer rät die Außenhandelskammer deshalb dazu, sich sehr genau über die jeweiligen Geschäftspartner zu informieren.
> Vorauszahlungen sollten eingefordert werden, bevor Produkte nach Nigeria verschickt werden. Auch wird empfohlen, Schecks auf Deckung zu überprüfen – selbstverständlich diskret.

Asien

Asiatische Länder wirken auf den Europäer meist exotisch und geheimnisvoll. Und auch die Menschen erscheinen rätselhaft. Aus gutem Grund: Ihr Lächeln verrät noch lange nicht, was sie denken. Die Verneinung gibt es fast gar nicht. Als Gast muss man also lernen, welches „Ja" doch eigentlich eher „Vielleicht" oder sogar „Nein" bedeutet.

Ganz wichtig ist auch, dass niemand sein Gesicht verlieren darf. Wenn Sie über etwas nicht Bescheid wissen oder aufgrund falscher oder fehlender Informationen eine Entscheidung getroffen haben, die Sie später korrigieren möchten, sitzen Sie in der Falle. Tun Sie alles, um aus der Situation ohne Gesichtsverlust herauszukommen. Und bemühen Sie sich auch immer, dies Ihrem Gegenüber zu ersparen.

> **INFO**
>
> Visitenkarten spielen in ganz Asien eine bedeutende Rolle. Bereiten Sie sich gut vor und nehmen Sie zweisprachige Exemplare mit. Sie sollten in Englisch und in der Landessprache oder mindestens in Deutsch und der Landessprache abgefasst sein.
> Sie überreichen Ihre Karte mit beiden Händen und nehmen die Karte des anderen ebenso entgegen. Betrachten Sie sie eingehend und packen sie nicht gleich weg.
> Am besten lassen Sie die Karte noch einige Zeit vor sich auf dem Tisch liegen.

Indien

Indien ist ein Land der Superlative. Es ist größer als das komplette Westeuropa und hat rund eine Milliarde Einwohner. Damit steht es nach China an zweiter Stelle der bevölkerungsmäßig größten Länder der Erde. Klar, dass

Sie sich auf völlig unterschiedliche Religionen und Traditionen und damit zusammenhängende Verhaltensweisen einstellen müssen, je nachdem, in welche Region Sie reisen.

Die offizielle Sprache ist Hindi. Doch in der ehemaligen britischen Kronkolonie Indien ist Englisch auch noch sehr verbreitet.

Inder sind sehr höfliche und eher etwas zurückhaltende Menschen. Sie neigen nicht dazu, mit ihren Ansichten laut und schnell herauszuplatzen. Zügeln Sie entsprechend Ihr Temperament ebenfalls ein wenig.

Äußerlichkeiten: Frauen sollten auch bei großer Hitze möglichst wenig nackte Haut zeigen. Um die hohen Temperaturen aushalten zu können, sind leichte, kühle Stoffe gut geeignet, und ein Tuch, das locker um Schultern und Arme gelegt wird. In Großstädten werden Spagettiträger inzwischen akzeptiert. Für den Geschäftstermin sind sie dennoch nicht empfehlenswert.

Männer können getrost auf einen Anzug verzichten. In Hemd und Krawatte sind sie gesellschaftsfähig.

Begrüßung/Anrede: Beim ersten Treffen werden Sie vermutlich mit Handschlag begrüßt. Danach bleibt es normalerweise bei einem leichten Kopfnicken. Zusätzlich zum Nicken können Sie die Handflächen vor Ihrer Brust kurz gegeneinander legen und „Namasté" sagen. Das bedeutet: „Ich grüße den Gott in dir" und ist eine gebräuchliche Begrüßungsfloskel.

Bei Tisch: In großen Restaurants werden Sie kaum etwas beachten müssen. Je nach Region kann es aber sein, dass mit den Fingern gegessen wird. Achten Sie darauf, wie es Ihr Gastgeber macht.

Trinkgeld: Trinkgeld ist in Rechnungen meist nicht enthalten. Geben Sie grundsätzlich etwa 10 % des Rechnungsbetrages oder auch mal etwas weniger. Mehr sollte es nicht sein.

Einladungen: Es ist wahrscheinlich, dass Sie zu Ihrem Geschäftspartner nach Hause eingeladen werden. Inder pflegen Geschäfte nämlich nur mit Freunden zu machen und bauen zunächst eine persönliche Beziehung auf. Bringen Sie Pralinen oder hochwertige Schokolade mit. Auch edle Füllhalter sorgen für Begeisterung. Wurstspezialitäten aus Ihrer Heimat sind keine gute Idee, denn viele Hindus sind Vegetarier. Andere ethnische Gruppen verzichten auf das Rauchen. Dicke Zigarren lassen Sie deshalb lieber auch zu Hause.

Sollten Sie etwas absolut nicht mögen, haben Inder kein Problem, wenn Sie das auch sagen. Sie müssen also nicht alles essen. Auf eine scharf gewürzte Mahlzeit sollten Sie in jedem Fall eingestellt sein.

Geschäftsgebaren: Inder erscheinen nicht wirklich pünktlich zu vereinbarten Terminen. Sie schätzen die deutsche Pünktlichkeit dennoch sehr. Üben Sie sich also in Geduld und reagieren Sie nicht verärgert, wenn Sie immer wieder warten müssen. Auch bei Verhandlun-

> **TIPP ▶**
> Über das in Indien noch immer existierende Kastensystem kann man sicher unterschiedlicher Meinung sein. Behalten Sie Ihre Kritik im Gespräch mit Indern aber trotzdem besser für sich.

gen brauchen Sie Geduld, denn die können sich ziemlich in die Länge ziehen. Halten Sie Zwischenergebnisse schriftlich fest und bleiben Sie auch dann ruhig, wenn Vereinbarungen kurz vor dem endgültigen Abschluss plötzlich wieder infrage gestellt werden.

Bauen Sie sehr rechtzeitig einen guten Kontakt zu Behörden auf, ohne die in Indien fast gar nichts läuft. Ziehen Sie zu Vertragsabschlüssen am besten immer einen Anwalt hinzu.

Übrigens: Inder wiegen gern den Kopf, was ein bisschen wie eine Verneinung aussieht. Sie drücken damit aber nur ihre Aufmerksamkeit bzw. Zustimmung aus.

> **INFO**
> Wie in vielen Ländern sollten Sie auch in Indien niemandem Ihre Fußsohlen entgegenstrecken. Dies wird als Beleidigung empfunden, denn Füße gelten als unreine Körperteile.

China

Und wieder geht es um ein Land, das den Besucher schon aufgrund seiner Größe mit einer Vielzahl an Traditionen und Verhaltensnormen geradezu erschlägt. Seinen Menschen ist ihre tiefe Verwurzelung mit ihrer Vergangenheit ebenso gemein wie ihre ruhige, freundliche Art.

Äußerlichkeiten: Männer sind mit einem dunklen Anzug korrekt gekleidet. Frauen tragen Hosenanzüge oder Kostüme und

Bei Tisch: Laden Sie Ihre Geschäftspartner nicht während des Ramadan zum Mittagessen ein. Und immer daran denken: Verzichten Sie auf Alkohol und Schweinefleisch, solange Sie sich im Land aufhalten. Damit demonstrieren Sie Ihre Achtung gegenüber den islamischen Gepflogenheiten. Sollten die anderen am Tisch Brot benutzen, um damit die Soße aufzusaugen, dürfen Sie das auch. Allerdings niemals ein Stück Brot mehrmals eintauchen!

Falls die Nase läuft: Entschuldigen Sie sich und entfernen Sie sich kurz vom Tisch. Putzen Sie sich niemals bei Tisch die Nase. Das wäre unschicklich.

> **INFO**
> In Ägypten werden Sie viele Raucher antreffen. Halten Sie keine Vorträge über die damit verbundenen Risiken, sondern bieten Sie, wenn Sie das mit Ihrem Gewissen vereinbaren können, gern Zigaretten an.

Trinkgeld: Eine kleine finanzielle Aufmerksamkeit ist in Ägypten überall und zu jeder Tageszeit fällig. Nehmen Sie ausreichend Kleingeld mit, sodass Sie dem Kellner, dem Taxifahrer oder dem Mann an der Rezeption stets eine Kleinigkeit zukommen lassen können.

müssen darauf achten, keinen tiefen Ausschnitt zur Schau zu stellen. Verzichten Sie bei der Wahl Ihrer Kleidung auf die Farben Schwarz und Weiß, da beides Trauerfarben sind.

Begrüßung/Anrede: Es ist gänzlich unüblich, einander die Hand zu reichen. Begnügen Sie sich mit einer Verneigung vor Ihrem Gegenüber.

Bei Tisch: Für Europäer sind die chinesischen Tischsitten ausgesprochen gewöhnungsbedürftig. Schmatzen und Rülpsen gehören hier zum guten Ton. Man zeigt damit, dass es einem gut schmeckt. Überwinden Sie sich und probieren Sie es zumindest aus.

Ihr Gastgeber wird Ihnen die erste Portion auf den Teller legen. Weitere Gänge werden selbst aufgefüllt. Gegessen wird in aller Regel mit Stäbchen. Sie dürfen die Reisschale dabei ruhig zum Mund heben. Wenn es sich um ein Abendessen handelt: Stellen Sie sich darauf ein, dass der Abend gleich nach dem Essen beendet ist. Chinesen stehen nämlich sehr früh auf und gehen entsprechend früh zu Bett.

Trinkgeld: In China ist es nicht üblich, Trinkgelder zu verteilen, schon gar nicht an einen einzelnen Kellner oder ein Zimmermädchen. Nützliche Aufmerksamkeiten, die allen Mitarbeitern einer Firma oder Abteilung zugute kommen, sind dagegen in Ordnung.

Einladungen: Die Privatsphäre eines Chinesen ist absolut tabu. Deshalb werden Sie vermutlich auch nie nach Hause, sondern immer in ein Restaurant eingeladen. Sprechen Sie innerhalb von 48 Stunden eine Gegeneinladung aus!

Trinksprüche, mit denen auf die gute Beziehung angestoßen wird, sind obligatorisch. Erwidern Sie jeden Toast und bringen Sie bei Ihrer Gegeneinladung selbst Trinksprüche aus. Auch wichtig: die Sitzordnung. Der wich-

> Was bei uns höflich ist, kommt im Reich der Mitte noch lange nicht an. Komplimente an die Ehefrau des Geschäftspartners sollten Sie sich beispielsweise unbedingt verkneifen.
>
> ► INFO

tigste Gast nimmt rechts neben dem Gastgeber Platz. Kleine Geschenke erhalten die Freundschaft. Dabei steht Nützliches ganz oben auf der Wunschliste. Blumen bringen Sie besser nicht mit. Sie gelten in weiten Teilen Chinas noch immer als ausschließliche Gabe für die Verstorbenen. Auch Uhren übergeben Sie besser nicht. Im Chinesischen hat das Wort für „Uhr" den gleichen Klang wie das für „Tod", weshalb ein solches Geschenk als schlechtes Omen gedeutet würde.

Geschäftsgebaren: Die Kontaktaufnahme zu einem potenziellen Geschäftspartner erfolgt über einen Vermittler. Klären Sie als Erstes ab, wer in der Firma die Entscheidungsgewalt hat. Sonst kann es Ihnen passieren, dass die Gegenseite nur Informationen sammeln will, während Sie bereits verhandeln möchten.

Viele Chinesen der jüngeren Generation sprechen Englisch. Darauf verlassen können Sie sich aber nicht. Nehmen Sie allein schon deshalb einen Dolmetscher mit, weil Entscheidungen immer von älteren Firmenangehörigen getroffen werden. Diese sprechen oft keinerlei Fremdsprache.

> **INFO**
> Die Pflege gegenseitiger Beziehungen heißt in China „Guanxi" und wird Sie schnell in eine Zwickmühle bringen: Nur durch einen engen und sehr persönlichen Kontakt werden Verhandlungen überhaupt erst möglich. Gleichzeitig erwartet man von Ihnen als einem engen „Freund" aber auch Zugeständnisse und Verzicht bei Ihren eigenen Belangen.

Für Chinesen ist eine Vertrauensbasis von größter Wichtigkeit, um Geschäfte zu machen. Sie wollen darum immer möglichst viel von Ihnen wissen. Erzählen Sie sowohl von Ihrer beruflichen Entwicklung als auch aus Ihrem Privatleben. Nehmen Sie sich viel Zeit für den Aufbau von Geschäftsbeziehungen. Fordern Sie für gemachte Zugeständnisse auch Gegenleistungen, aber stellen Sie Ihren Verhandlungspartner niemals bloß! Lassen Sie Teilergebnisse stets schriftlich festhalten.

Hongkong

Hongkong ist einer der Top-Handelspartner Europas. Trotz seiner Rückgabe an und Zugehörigkeit zu China hat es seinen Sonderstatus behalten. Den Hongkong-Chinesen merkt man ihre Vergangenheit an. Sie sind ausgesprochen geschäftstüchtig, gleichzeitig aber ein wenig lockerer als ihre übrigen Landsleute. Auffällig: In Hongkong liebt man alles, was mit Wetten und mit Glücksspiel zu tun hat.

In den folgenden Punkten unterscheidet sich Hongkong spürbar vom restlichen China.

Äußerlichkeiten: Frauen sollten es mit der Tiefe des Ausschnitts nicht übertreiben, sie dürfen in Hongkong aber mehr zeigen als in China üblich. Generell ist das westeuropäische Business-Outfit völlig okay.

Begrüßung/Anrede: Hongkong-Chinesen reichen sich zum größten Teil ganz selbstverständlich die Hand.

Einladungen: Bei den Aufmerksamkeiten, die Sie mitbringen, achten Sie lieber mehr auf Exklusivität und Markenware als auf den Nutzwert. Teure Schreibgeräte oder Schmuck kommen ebenso gut an wie beispielsweise edle Spirituosen. Mit Champagner oder einem guten Cognac können Sie sich sehen lassen.

Geschäftsgebaren: Lassen Sie Ihrem Geschäftspartner viel Zeit, sich und seine Firma ausgiebig zu präsentieren. Was Ihnen vielleicht wie Angeberei vorkommt, ist hier ein normaler Ausdruck von Stolz auf das Erreichte. Zeigen Sie Interesse und ein wenig Bewunderung. Kritisieren Sie keinesfalls die Prahlerei!

Japan

Dieses Land besteht aus 6.800 Inseln und ist gerade dabei, eine ganze Reihe anderer Länder wirtschaftlich hinter sich zu lassen. Typische Eigenschaften der Menschen sind Fleiß und eine strenge Disziplin. Was sie anpacken, möchten sie perfekt machen.

Japaner haben meist eine sehr ausgeprägte Verbundenheit zu ihrem Land. Gefühle zu zeigen, ist nicht angebracht. So lächeln Japaner selbst dann noch, wenn sie eine schlechte Nachricht zu überbringen haben.

Äußerlichkeiten: Herren wählen für ihren Anzug unbedingt eine dunkle Farbe. Ohne Krawatte geht nichts. Je mehr ein Japaner verdient, desto mehr Wert legt er auf Schuhe. Entsprechend sollten Sie ein besonderes Augenmerk auf Ihre Schuhe legen.

> **INFO**
>
> Von strenger Disziplin merkt man allerdings nichts mehr, wenn man Japaner in einer Karaoke-Bar beobachtet. Dort wird eine Menge Alkohol konsumiert und selbst hochrangige Manager trällern mit viel Spaß in den höchsten Tönen.

Begrüßung/Anrede: Eine gekonnte japanische Begrüßung erfordert viel Übung und wird von einem Europäer in den seltensten Fällen beherrscht. Sie wird aber auch gar nicht erwartet. Gewöhnt an den Umgang mit ausländischen Geschäftspartnern, geben einige Japaner inzwischen auch die Hand. Sie tun es aber nicht gern und meistens entsprechend ungeschickt und relativ „lasch". Drücken auch Sie nicht fest zu. Das wäre unschicklich. Setzen Sie ein freundliches Signal, indem Sie den Kopf und den Oberkörper leicht neigen. Achten Sie dann darauf, wie oft sich Ihr Gegenüber verbeugt, und tun Sie es ihm gleich. Drei Verbeugungen sind oft das Minimum.

Der Nachname wird in Japan – wie auch in China – vor dem Vornamen genannt. Hängen Sie an den Vornamen ein „-san" an. Das ist etwa so höflich wie das „Madame" oder „Monsieur" in Frankreich.

Bei Tisch: In traditionellen Restaurants sitzt man üblicherweise an niedrigen Tischen auf speziellen Strohmatten, also gewissermaßen auf dem Boden. Straßenschuhe gelten als unrein und werden draußen gelassen. Setzen Sie sich so, dass Sie niemandem Ihre Fußsohlen zeigen!

Gegessen wird mit Stäbchen. Halten Sie diese immer im schrägen Winkel zum Reis. Aufrecht werden sie nur in einer buddhistischen Opferzeremonie in den Reis getaucht. Wie in China dürfen Sie die Reisschale zum Mund führen. Extra Suppenlöffel gibt es nicht. Die Flüssigkeit wird direkt aus der Schale geschlürft, die restlichen Zutaten werden mit den Stäbchen herausgefischt. Die Speisen kommen alle gleichzeitig auf den Tisch. Jeder nimmt von jedem Tellerchen kleine Portionen. Sushi-Lokale sind ja inzwischen auch in Europa weit verbreitet. Essen Sie dort vor Ihrer Reise zur Probe. Sollten Sie die kunstvollen Reiskreationen mögen, wird das in Japan als großes Kompliment aufgefasst und bringt Ihnen Sympathiepunkte ein.

Eine Mahlzeit beginnt traditionell mit einer leichten Verbeugung aller Teilnehmer und dem Ausspruch „itadakimas", was übersetzt ungefähr „Ich werde dankend entgegennehmen" heißt und wie „gesegnete Mahlzeit" eingesetzt wird. Reis können Sie sich nachreichen lassen. Lassen Sie keinen Reis übrig, denn das hieße, dass Sie noch mehr möchten. Essen Sie die Schale ganz leer und legen Sie die Stäbchen nebeneinander darauf oder auf einen eigens dafür bereitstehenden Halter, um zu zeigen, dass Sie das Essen beendet haben.

Eine wichtige Besonderheit: Getränke schenkt man sich nie selbst ein. Man bekommt sie von einem anderen am Tisch eingeschenkt und schenkt gern auch selbst den Umsitzenden ein.

Sollte Ihnen während des Essens die Nase laufen, entfernen Sie sich kurz vom Tisch. Naseputzen ist in der Öffentlichkeit und speziell bei Tisch in Japan unschicklich. Ein Tuch, das Ihnen gereicht wird, ist zum Händereinigen gedacht. Männer dürfen sich damit auch das Gesicht abwischen. Frauen beschränken sich aber auf Hände und Unterarme.

> **INFO**
>
> Reiswein wird in Japan aus kleinen Schälchen getrunken. Etwas ungewöhnlich: Es kann leicht geschehen, dass Ihnen jemand seine benutzte Schale anbietet. Halten Sie Ihn dann nicht für betrunken! Vergessen Sie Ihre Empörung, heben Sie das Schälchen hoch, damit es gefüllt wird und trinken Sie. Einige Minuten später bieten Sie der entsprechenden Person Ihre eigene geleerte Schale an und füllen diese für sie.

Trinkgeld: Die Gabe von Trinkgeldern ist in Japan absolut unüblich.

Einladungen: Wurden Sie zum Essen nach Dienstschluss eingeladen, revanchieren Sie sich bei nächster Gelegenheit. In das Haus Ihres Partners werden Sie kaum eingeladen werden. Man wohnt in Japan wesentlich beengter als in Europa und hat kaum Platz zur Bewirtung von Gästen, weshalb es dort Tradition hat, auszugehen.

Wenn Sie doch die seltene Gelegenheit bekommen, sollten Sie das als eine große Ehre betrachten. Richtiges und aufmerksames Verhalten ist dann umso wichtiger. Mitbringsel sind ein Muss. Übrigens auch bei Kontakten, die außerhalb der Privatwohnung stattfinden. Es muss nichts Teures sein, das würde nur dazu führen, dass man sich bei Ihnen revanchiert und erwartet, dass Sie sich wiederum mit einem aufwändigen Präsent erkenntlich zeigen. Kleine Andenken aus Ihrer Heimatstadt, Süßigkeiten, Kekse oder Wein sind besonders beliebt und völlig ausreichend.

Überreichen Sie die Geschenke verpackt, am besten in rotem oder weißem Papier. Wundern Sie sich nicht, wenn der Gastgeber das Päckchen erst öffnet, wenn Sie bereits gegangen sind. Wenn Sie Blumen verschenken, darf die Anzahl nie vier oder neun betragen. Beides sind Unglückszahlen in Japan.

Beim Betreten des Hauses lassen Sie Ihre Straßenschuhe in einem Flur stehen. Die Spitzen sollten vom Haus weg zeigen. Man wird Ihnen Pantoffeln reichen, die Sie anziehen. Führt man Sie dann zum Essen in ein Zimmer mit niedrigem Tisch und den typischen Strohmatten, dann lassen Sie die Pantoffeln wiederum am Rand des Zimmers stehen und gehen auf Socken weiter. Üblicherweise sitzen Japaner auf ihren Fersen. Wenn Ihnen das zu unbequem ist, können Sie auch im Schneidersitz sitzen. Frauen setzen sich zunächst auf die Fersen und lassen dann ihren Po neben die Unterschenkel gleiten. Drehen Sie einem Japaner nie den Rücken zu. Das wäre unhöflich.

> **INFO** Zur Benutzung einer japanischen Toilette: Oft stehen auch dort speziell gekennzeichnete Pantöffelchen bereit, die Sie anziehen und anschließend dort zurücklassen.
> Einen Schlüssel gibt es nicht. Klopfen Sie an, bevor Sie eintreten. Wird während Ihrer „Sitzung" geklopft, antworten Sie als Besetztzeichen ebenfalls mit einem Klopfen.
> Übrigens: In Japan sitzt man nicht, man hockt auf der Toilette. Der Blick ist dabei auf den Wasserkasten gerichtet.

Nach einer Einladung in ein Restaurant geht man meistens noch in eine Karaoke-Bar. Bereiten Sie sich vor, indem Sie die Texte einiger deutscher Volkslieder lernen. Drücken Sie sich auf keinen Fall davor, ein Ständchen zum Besten zu geben.

Geschäftsgebaren: Wie in China ist es nicht angebracht, selbst Kontakt zu einer japanischen Firma aufzunehmen. Lassen Sie sich von der Handelskammer beraten und wählen Sie einen Mittelsmann. Finden Sie durch ihn auch heraus, wer der Ranghöchste im Unternehmen ist und die Entscheidungsgewalt hat. Das ist nämlich nicht zwingend derjenige, der am meisten mit Ihnen spricht. Das erste Treffen dient lediglich dem Kennenlernen. Auf das eigentliche Anliegen kommt man dabei noch nicht zu sprechen.

In Sachen Pünktlichkeit sind Japaner noch strenger als Deutsche. Wer zu spät erscheint, verärgert seinen Geschäftspartner augenblicklich. Termine werden sehr langfristig arrangiert. Hals-über-Kopf-Verabredungen kommen gar nicht gut an. Genauso wenig wie kurzfristige Absagen.

Bereiten Sie sich gut vor! Informieren Sie sich über das japanische Unternehmen, die dortige Marktsituation etc. Über Ihren eigenen Betrieb sollten Sie alle Daten im Kopf und zusammengefasste Fakten in japanischer Sprache parat haben. Zum ersten Termin sollten Sie sich von einem Übersetzer begleiten lassen. Wenn Sie feststellen, dass wirklich gut Englisch gesprochen wird, können Sie dann auf ihn verzichten. Mit einem Anwalt sollten Sie dagegen nie zu Verhandlungen auftauchen, denn das würde man Ihnen als Misstrauen auslegen. Seien Sie zurückhaltend und äußerst geduldig. Meiden

Sie lange Blickkontakte! Lassen Sie ruhig Gesprächspausen entstehen. Ihre Partner nutzen diese, um nachzudenken. Hüten Sie sich davor, sich mit mitreisenden Kollegen in Ihrer Muttersprache auszutauschen.
Geschäftsbeziehungen mit Japan wollen regelmäßig gepflegt werden. Dazu gehören Besuche (mindestens einmal pro Jahr), die Zusendung von Informationen über Ihre aktuellen Tätigkeiten und Post zum neuen Jahr (1. Januar), dem wichtigsten japanischen Feiertag.

Malaysia

25,5 Millionen Menschen verschiedener ethnischer Gruppen leben in diesem asiatischen Land. Die Staatsreligion ist der Islam, was selbstverständlich bestimmte Verhaltensregeln zur Folge hat. So muss in der Öffentlichkeit z. B. auf den Austausch jeglicher Zärtlichkeiten verzichtet werden.

Äußerlichkeiten: Trotz Hitze wird ein korrekter Business-Look erwartet. Frauen müssen auf alle Fälle hochgeschlossene Kleidung tragen.

Begrüßung/Anrede: Die Begrüßung der Malaysier erscheint uns Mitteleuropäern recht eigenwillig. Zunächst faltet man die Hände und reicht dann beide seinem Gegenüber. Warten Sie am besten ab, wie Ihr Geschäftspartner es macht.

> Lassen Sie sich unter keinen Umständen dazu verleiten, Drogen zu probieren oder auch nur an sich zu nehmen! Werden Sie erwischt, drohen hohe Strafen bis hin zur Todesstrafe.
>
> ▼ TIPP

Bei Tisch: Benutzen Sie zum Essen nie die linke Hand, da diese als unrein angesehen wird. Fragen Sie im Restaurant auch nie nach getrennten Rechnungen. Das führt zum Gesichtsverlust aller Anwesenden und hat damit schlimme Folgen.

Trinkgeld: Trinkgelder sind nicht üblich. Höchstens bei Taxifahrten können Sie den Betrag aufrunden. Seien Sie sparsam im Umgang mit finanziellen Aufmerksamkeiten. Sie sind höchstens besonders guten Leistungen vorbehalten. Was Sie möglicherweise für Großzügigkeit halten, wird Ihnen schnell als Überheblichkeit ausgelegt.

Einladungen: Die üblichen Gastgeschenke sind okay. Bringen Sie lieber keinen Alkohol mit. Ihre Gastgeber könnten Muslime sein. Wenn Sie etwas überreichen (Geschenk, Visitenkarte), tun Sie das mit der rechten Hand. Sollten Sie nach Hause eingeladen werden, ziehen Sie die Schuhe aus, bevor Sie eintreten.

Geschäftsgebaren: Keine Termine am 31. August! Das ist der malaysische Nationalfeiertag.

Lassen Sie sich nicht dazu verleiten, einem Beamten Geschenke zu machen. Korruption ist ein großes Problem im Land. Selbst gut gemeinte Geschenke könnten zu bösen Missverständnissen führen.

Die Landessprache ist Malaiisch. Auch Chinesisch und Indisch sind sehr verbreitet. Englisch ist die offizielle Amtssprache. Mit einem Dolmetscher sind Sie auf jeden Fall gut beraten.

Bevor man zum Wesentlichen kommt, ist Smalltalk angesagt. Sport, Familienanekdoten oder auch Essen sind beliebte Themen. Sparen Sie sich große Gesten, und bleiben Sie unter allen Umständen ruhig. Man schätzt Zurückhaltung und Geduld.

Thailand

Die Menschen in Thailand wirken immer irgendwie zerbrechlich und scheu. Tatsächlich sind sie sehr zurückhaltend. Ihr Lächeln ist zwar auch freundlich gemeint, schafft aber ebenso eine gewisse gewollte Distanz.

Der Alltag wird stark von der Religion, also in erster Linie vom Buddhismus bestimmt.

Äußerlichkeiten: Formelle Kleidung ist trotz der hohen Temperaturen und der hohen Luftfeuchtigkeit erforderlich. Frauen zeigen am besten wenig Haut, Männer sollten auf jeden Fall einen dunklen Businessanzug wählen.

Begrüßung/Anrede: In Thailand begrüßt man sich, indem man die Handflächen aneinander legt, die Fingerspitzen zeigen nach oben. Dazu neigt man den Kopf. Dieser Gruß nennt sich „Wai". Meistens wird dieses Wort auch zur Verbeugung gesagt.

Rangordnungen spielen eine große Rolle. Begegnen Sie einem alten Menschen, einem Mönch oder dem Oberhaupt eines Unternehmens, so sollten Sie Ihre Fingerspitzen bei der Begrüßung höher, also ruhig an der Nasenspitze, platzieren. Grüßt Sie eine im Rang weiter unten stehende Person auf diese Weise, platzieren Sie Ihre Fingerspitzen zur Antwort etwas niedriger, also auf

Kinn- oder Brusthöhe. Dazu nennt man immer nur den Vor- und nie den Nachnamen. Die Wai-Geste benutzen Sie übrigens auch, wenn Sie sich bedanken wollen. Dazu sagen Sie: „khapkhun kap", wenn Sie einen Mann oder „khapkhun kaa", wenn Sie eine Frau vor sich haben. Auch um Verzeihung bitten Sie mit dieser Geste.

Bei Tisch: Man ist und isst in Thailand eher unkompliziert. Sollte Ihnen etwas fremd sein, dann schauen Sie einfach, wie Ihr Sitznachbar sich verhält. Achten Sie bei Restaurants, in denen man auf dem Boden Platz nimmt, auf Ihre Fußsohlen. Wie in so vielen Ländern ist es auch in Thailand verpönt, dem anderen die nackten Fußsohlen zu zeigen.

Trinkgeld: In Hotels und Restaurants ist in aller Regel bereits ein Bedienungsgeld eingeschlossen. Wenn Sie für gute Leistungen dennoch etwas geben möchten, sollte der Betrag nicht unter 10 Baht liegen. Taxifahrer erwarten kein Trinkgeld. Hat er Ihnen allerdings das Gepäck getragen, dann können Sie dies ruhig extra honorieren. Aber niemals übertreiben!

Einladungen: Decken Sie sich in Deutschland am besten mit hübschen Souvenirs aus Ihrer Region ein, die Sie zu Einladungen und überhaupt als Gastgeschenke mitbringen können. Solche Geschenke sind sehr beliebt. Mit einer Gegeneinladung in ein thailändisches oder chinesisches Restaurant können Sie Ihrem Partner danken. Wenn Sie ein Privathaus betreten, ziehen Sie vorher die Schuhe aus. Kleine Altare und Buddha-Statuen fassen Sie besser nicht an. Bildern der Königsfamilie sollten Sie mit großem Respekt begegnen, das Königshaus genießt in Thailand hohes Ansehen.

> **INFO**
>
> Haben Sie Verständnis dafür, dass die Menschen in Thailand nicht berührt werden möchten. Nehmen Sie von sich aus also nie jemanden in den Arm! Absolut tabu ist das Berühren des Kopfes. Dieser ist nach dem buddhistischen Glauben der Sitz der Seele und damit der heiligste Teil des Körpers. Tätscheln Sie darum auch Kindern niemals den Kopf!

Geschäftsgebaren: Die Landessprache ist Thai. Daneben wird Chinesisch oder Englisch gesprochen. Sie sollten die Verhandlungssprache unbedingt vorher klären, um gleich einen geeigneten Dolmetscher mitbringen zu können.

Ganz wichtig: Geduld. Mit Druck erreichen Sie gar nichts. Verhandeln Sie freundlich, mit langem Atem und stets mit einem Lächeln auf den Lippen. Nur Kinder zeigen Wut und Ärger offen. Bei einem Erwachsenen würde dieses Verhalten als unangemessener Gefühlsausbruch gewertet, und das käme einem Gesichtsverlust gleich! Auch sehr wichtig: Zeigen Sie nicht mit dem Finger auf einen Thai. Das gilt als grob unhöflich.

Korea

Die wirtschaftliche Bedeutung dieses Landes ist in den letzten Jahren gewachsen und nimmt weiter zu. Die Hälfte der Bevölkerung gehört einer Religionsgemeinschaft an. Für alle ist die Lehre des Konfuzius von großer Bedeutung. Bevor Sie nach Korea reisen, sollten Sie sich damit ein wenig beschäftigen, um wenigstens die Grundzüge zu verstehen und entsprechend damit umgehen zu können.

Äußerlichkeiten: Keine grellen Farben! Wählen Sie gedeckte Töne für Anzug oder Kostüm. Eine Krawatte ist obligatorisch. Frauen mit langer „Mähne" bändigen diese idealerweise in einer Steckfrisur, da lange offene Haare schnell als ungepflegt empfunden werden.

Begrüßung/Anrede: Man gibt sich nicht die Hand. Eine leichte Verneigung reicht als Begrüßung. Ist Ihr Gegenüber schon alt oder eine sehr hohe Persönlichkeit, darf die Verbeugung auch etwas tiefer ausfallen. Aber nicht übertreiben. Man würde sonst vermuten, Sie machen sich lustig.

Bei Tisch: Wenn Sie eine Reisschüssel und dazu Stäbchen bekommen, beachten Sie, dass die Schale in Korea niemals zum Mund geführt wird. Stecken Sie die Stäbchen nicht senkrecht in den Reis. Schlürfen und Schmatzen sind dagegen absolut gesellschaftsfähig.
Kommen Sie nicht auf die Idee, während des Essens eine Rede halten zu wollen.
Es ist unhöflich, sich bei Tisch die Nase zu putzen. Das sollten Sie in Gegenwart von Koreanern generell unterlassen und sich dazu immer zurückziehen.
Trinkgeld: In internationalen Hotels und Restaurants sind Bedienungsgelder bereits enthalten. Trinkgelder darüber hinaus sind nicht üblich.
Einladungen: Wenn Sie zum Essen eingeladen wurden, zahlt selbstverständlich Ihr Gastgeber. Geht man im Kollegenkreis ohne vorherige Einladung, wird diskutiert, bis schließlich einer die Rechnung übernimmt. Stellen Sie sich darauf ein.
Spirituosen oder Pralinen aus Deutschland werden als Gastgeschenke gern angenommen. Auch über einen schönen Blumenstrauß freut man sich. Deutsche Volkslieder sind in Korea übrigens sehr beliebt. Kaufen Sie deshalb vor Reiseantritt noch die eine oder andere CD ein. Überreichen Sie Ihr Geschenk mit beiden Händen. In traditionellen Restaurants kann es passieren, dass

Sie die Schuhe vor dem Betreten des Restaurants ausziehen müssen. Für Privathäuser trifft das auf jeden Fall zu. Vermeiden Sie im Gespräch die Themen Nord- und Südkorea sowie das Verhältnis zu Japan, das mehr als belastet ist.

Geschäftsgebaren: Geschäftsbeziehungen wollen über einen langen Zeitraum gepflegt werden. Auf internationalen Messen lassen sich wunderbar erste Kontakte knüpfen, wobei Sie mit ein paar Worten Koreanisch einen guten Einstieg haben dürften. Aggressive Verhandlungsstrategien haben nur zur Folge, dass überhaupt kein Geschäft zustande kommt. Üben Sie sich in Geduld, machen Sie Zugeständnisse und bleiben Sie immer höflich.

> **TIPP**
> Geldgeschenke beschämen die Koreaner. Wenn Sie einen Stadtführer oder jemand anderen, der Ihnen außerordentliche Dienste geleistet hat, belohnen wollen, so machen Sie ihm ein nettes Geschenk, aber geben Sie kein Geld.

Singapur

Dieses asiatische Land ist von einer echten Multi-Kulti-Gesellschaft bevölkert: Chinesen leben neben Malaysiern und kleinen anderen ethnischen Gruppen. Buddhismus, Taoismus, Islam, Hinduismus und Christentum existieren friedlich Seite an Seite. Was Ihnen sicher als Erstes auffällt: Singapur ist extrem sauber. Dafür wird viel getan. Entsprechend haben Sie einiges zu beachten, denn Unsauberkeit Ihrerseits kann empfindliche Konsequenzen haben.

Äußerlichkeiten: Erwartet wird ein sehr korrekter Business-Look.

Begrüßung/Anrede: Aufgrund der vielen verschiedenen kulturellen und religiösen Zugehörigkeiten kann eine Begrüßung recht unterschiedlich ausfallen. Erwidern Sie den Gruß am besten mit den Gesten, die Ihr Gegenüber auch macht.

Bei Tisch: Sie finden in Singapur auch italienische und spanische Restaurants. Überwiegend ist allerdings natürlich eine asiatische Vielfalt zu finden. Nehmen Sie in Sachen Schweinefleisch und Alkohol Rücksicht auf Muslime. Hindus essen kein Rind und oft überhaupt kein Fleisch. Auch viele Buddhisten sind Vegetarier. Es macht einen guten Eindruck, wenn Sie sich anpassen.

Trinkgeld: Eigentlich gehört Trinkgeld nicht zum täglichen Leben, am Flughafen ist es sogar verboten. In Hotels und Restaurants wird ohnehin ein 10%iges Bedienungsgeld erhoben. Dennoch wird man Sie als höflich empfinden, wenn Sie dem Taxifahrer oder Kellner in einer Bar oder im Restaurant eine Kleinigkeit geben.

Einladungen: Da es von Deutschen heißt, sie gingen gern in chinesische Restaurants, wird man als Deutscher natürlich dorthin eingeladen. Bei Privathäusern gilt: Schuhe am Eingang ausziehen.

Was die Geschenke angeht, machen Sie sich vorher schlau, welcher Religion Ihr Gastgeber angehört. Edle Spirituosen oder Weine aus Deutschland sind gern gesehen. Das gilt natürlich nicht für Muslime. Mit der Anzahl ist es nicht so einfach. Zahlen haben meist eine symbolische Bedeutung. Die meisten Menschen mögen hier gerade Zahlen. Besonders zwei, sechs und acht werden als Glückszahlen angesehen. Verschenken Sie niemals vier Dinge. Diese Zahl symbolisiert den Tod.

Und: Uhren, Taschentücher und Regenschirme sind völlig ungeeignete Präsente. Sie stehen für Beerdigung, tränenreichen Abschied und Verfehlungen. Blumen werden lediglich kranken Menschen überreicht.

Geschäftsgebaren: Sie können davon ausgehen, dass Ihre Partner perfektes Englisch beherrschen. Oft werden Sie aber auch eine Sprache hören, die Sie in einer Sekunde zu verstehen glauben und dann wieder gar nicht entschlüsseln können. Es handelt sich um Singlish, eine Mischung aus Englisch und malaysischen und chinesischen Dialekten. Typisch dafür sind extreme Abkürzungen, die übrigens auch im „normalen" Englisch an der Tagesordnung sind. So fragt man nur „How?" und meint damit entweder „How are you?" oder auch „How do we deal with this situation?" Gewöhnen Sie sich an kurze Formeln, wenn Sie Antworten haben wollen. „Toilet, where?" ist keine schroffe Unhöflichkeit, sondern eine gängige Formulierung.

So knapp wie die Sprache, so rau ist die geschäftliche Gangart. Seien Sie auf harte Verhandlungsmethoden gefasst. Vereinbaren Sie Termine langfristig und halten Sie diese absolut pünktlich ein.

> **INFO**
> Alles, was mit der Verschmutzung des Landes zu tun hat, ist in der Öffentlichkeit verboten und mit Strafen belegt: Rauchen und Kaugummikauen, das Hinwerfen von Zigarettenstummeln, Kaugummis oder Papier auf die Straße. Spucken Sie auch nicht auf den Boden!

Taiwan

Was die Verhaltensweisen angeht, so trifft man in Taiwan auf einen Mix aus chinesischen Traditionen – Taiwanesen haben chinesische Wurzeln – und westlichem Einfluss. Deshalb sind Sie im Zweifel gut beraten, sich nach chinesischen Richtlinien zu verhalten. Gleichzeitig können Sie aber damit rechnen, dass es etwas weniger fremd zugeht.

Äußerlichkeiten: Mit einer konservativen Kleiderwahl liegen Sie richtig.

Begrüßung/Anrede: Umarmungen kommen nicht vor. Das früher auch nicht verbreitete Händeschütteln ist aber immer öfter zu finden. Warten Sie also ab, ob man Ihnen die Hand reicht. Drücken Sie diese dann aber nicht sehr stark. Wenn nicht die Hand gegeben wird, so ist eine leichte Verbeugung perfekt.

Bei Tisch: Wie in China gilt: Niemals bei Tisch die Nase putzen. Überhaupt sollten Sie sich mit einem Taschentuch nur selten oder besser gar nicht sehen lassen. Und: Stäbchen nie aufrecht in den Reis stecken. In Taiwan dürfen Sie die Schale zum Mund führen, Sie müssen es sogar. Sich zur Schüssel zu beugen, wäre schlechtes Benehmen. Nach dem Essen legen Sie die Holzstäbchen auf eine dafür bereitgestellte Ablage oder legen Sie nebeneinander auf den Tisch.

Trinkgeld: In Taiwan sind Trinkgelder nicht üblich. Hilft Ihnen aber beispielsweise jemand mit dem Gepäck, können Sie sich mit 50 Taiwan-Dollar erkenntlich zeigen.

Einladungen: Es gelten die gleichen Regeln wie in

China. Ein typisches Gastgeschenk ist Kuchen. Souvenirs aus Ihrer Heimat kommen aber noch viel besser an.

Geschäftsgebaren: Die Amtssprache ist Mandarin-Chinesisch. Sie werden also vermutlich einen Übersetzer benötigen.

Wie in China nehmen Sie mit potenziellen Handelspartnern erst einmal Kontakt über einen Agenten auf.

Präsentieren Sie sich stets bescheiden und geduldig und machen Sie sich auf unzählige Formulare und Formalitäten gefasst. In Taiwan nimmt die Bürokratie viel Raum und Zeit in Anspruch.

> **TIPP**
> Gehen Sie sparsam mit Gestik und Mimik um. Zeigen Sie nie mit dem Finger auf Menschen und sprechen Sie nicht zu laut. All dies wird als unhöflich empfunden.

Amerika

Amerika mag zwar für einige noch immer das Land unbegrenzter Möglichkeiten sein. Das bedeutet aber nicht automatisch, dass es auch das Land unbegrenzter Verhaltensmöglichkeiten ist. Auch hier gibt es Regeln, die sich sehr stark danach unterscheiden, ob Sie in Nord- oder Südamerika oder „den Staaten" unterwegs sind.

USA

So riesig das Land, so verschieden sind die Menschen. Und: Der einerseits lockere „American way of life" geht Hand in Hand mit großer Höflichkeit und teilweise großer Prüderie. Verhaltensregeln und Geschäftsgebaren sind aus den USA in alle Welt geschwappt und haben sich fortgesetzt. So ist es kein Wunder, dass Europäer sich mit den Gepflogenheiten in den USA gut auszukennen glauben. Trotzdem gibt es einige Feinheiten zu beachten. Grundsätzlich geht es im Osten konservativer zu als im Rest des Landes.

Äußerlichkeiten: Herren greifen zum dunkelgrauen oder blauen Anzug. Selbstverständlich mit Krawatte. Damen ziehen einen Rock, der über das Knie geht, einer Hose vor. Frauen, aufgepasst: Haare an den Beinen oder unter dem Arm sind vollkommen inakzeptabel! Bei

Feiern dürfen Sie sich gern herausputzen. Selbst unechter Schmuck kommt meist gut an, wenn er nur ordentlich glitzert und funkelt.

Begrüßung/Anrede: Ein einfaches „Hello" ist völlig in Ordnung. Auch „Nice to meet you" ist eine gern gebrauchte Floskel. Fragen Sie, wie es Ihrem Gegenüber geht. Sie werden das auch ständig gefragt, sollten darauf aber bloß nicht ausführlich oder ehrlich antworten, wenn es Ihnen nicht gut geht. Bekunden Sie immer, dass alles bestens ist. Mehr will ein Amerikaner eigentlich gar nicht hören.

Titel können Sie in der Anrede getrost vergessen (mit Leistungen können Sie in Amerika punkten, nicht mit einem Titel). Man geht sehr schnell zur Nennung der Vornamen über.

Bei Tisch: Zunächst: Sie können eigentlich alles so machen, wie Sie es von Europa gewohnt sind. Das wird akzeptiert. Glänzen können Sie aber, wenn Sie amerikanische Gewohnheiten übernehmen. Das heißt, Sie benutzen das Messer nur, um etwas zu zerschneiden. Dann legen Sie es hin, nehmen die Gabel in die rechte Hand und essen damit weiter. Die Linke liegt nicht auf dem Tisch neben dem Teller, sondern auf dem (eigenen) Knie. Der Suppenlöffel wird mit der Breitseite zum Mund gebracht. Wenn nur noch ein Suppenrest übrig ist, dürfen Sie den Teller ein wenig kippen, um heranzukommen. Kippen Sie ihn aber von sich weg nach hinten. Im Restaurant wird Ihnen ein Tisch zugewiesen. Man beginnt erst zu essen, wenn alle etwas bekommen haben.

Trinkgeld: Vom Trinkgeld leben in den USA vor allem Servicekräfte. Geben Sie daher für alle Dienstleistungen etwas, und mehr als in Europa. Es dürfen 15 bis 20 % des Rechnungsbetrages sein. Im Restaurant schreiben Sie den „Tip" auf die Rechnung, wenn Sie mit Karte zahlen. Ansonsten lassen Sie das Trinkgeld beim Gehen auf dem Tisch liegen.

Einladungen: Einladungen gelten, wenn sie mit genauem Termin oder schriftlich ausgesprochen werden. Bringen Sie edle Tropfen oder einen großen Blumenstrauß mit. Eine Gegeneinladung in ein Restaurant mit europäischer Küche wird gern angenommen. Sind Sie zu einer Dinner-Party geladen, müssen Sie wissen, dass es die Drinks vor dem Essen gibt. Zum Essen werden oft alkoholfreie Getränke serviert.

Nach dem Essen gibt es manchmal Kaffee. Wird er serviert, ist es Zeit, sich zu verabschieden.

Geschäftsgebaren: Amerikanische Geschäftsleute wollen möglichst schnell auf den Punkt kommen. Nach außen sind sie superlocker, in der Sache dagegen knallhart. Seien Sie pünktlich, erklären Sie, welchen Zwängen Sie unterliegen, welche Bedürfnisse Sie haben. Für Zugeständnisse erwartet Ihr Partner, dass Sie sich revanchieren. Präsentieren Sie alles knapp und klar und mit Humor.

Ein Anwalt sollte unbedingt dabei sein, wenn Sie Verträge schließen.

> **INFO**
>
> Die Frage nach Ihrem Einkommen gilt in den Staaten nicht als unhöflich. Überhaupt wird man Sie über Ihren Job und Ihr Privatleben ausquetschen und erwartet auch, dass Sie ebenfalls großes Interesse an Ihren Mitmenschen zeigen.

Kanada

Glauben Sie nicht, Kanadier seien Amerikaner. Im Gegenteil, sie verhalten sich eher wie Europäer. Die Angst, zu sehr unter amerikanischen Einfluss zu geraten, führt manchmal fast zu einer Verbrüderung mit europäischen Gästen.

Äußerlichkeiten: Konservativ schlicht. Gut gepflegte Schuhe stehen besonders hoch im Kurs.

Begrüßung/Anrede: Es kommt darauf an, wo Sie sich aufhalten. Im französischsprachigen Teil des Landes erfolgt die Begrüßung oft tatsächlich ganz herzlich mit

Küsschen wie in Frankreich. Im übrigen Gebiet Kanadas begrüßt man sich dagegen amerikanisch unverbindlich.
Bei Tisch: Man putzt sich bei Tisch nicht die Nase. Gehen Sie dazu nach draußen bzw. auf die Toilette.
Trinkgeld: Wie in Amerika gilt: Seien Sie eher großzügig!
Einladungen: Blumen mitzubringen, um sich für die Einladung zu bedanken, macht einen sehr guten Eindruck. Jedoch keine weißen Lilien, die nur auf Beerdigungen gehören. Zusätzlich wird es gern gesehen, wenn Sie eine Spezialität oder ein typisches Souvenir aus Ihrer Heimat überreichen.

Geschäftsgebaren: Kanadier sind geradeheraus und schätzen es, wenn auch Sie nicht um den heißen Brei herumreden. Ein wenig Smalltalk zur Einleitung einer Verhandlung gehört dennoch dazu. Machen Sie nicht den Fehler, Kanadier und US-Amerikaner „in einen Topf zu werfen". Dann haben Sie schon verloren.
Bei Geschäftsessen kommen die beruflichen Themen erst nach dem Dessert auf den Tisch.

Mexiko

Knapp 100 Millionen Menschen leben in Mexiko. Über 90 % von ihnen sind römisch-katholisch. Der Unterschied zwischen der Stadtbevölkerung, die den Umgang mit Ausländern gewohnt ist, und der Landbevölkerung ist enorm. Auch interessant ist, dass es zwar einige Superreiche, leider aber auch viele extrem arme Menschen im Land gibt. Übrigens: Die Ureinwohner Lateinamerikas als Indios zu bezeichnen wäre diskriminierend. Korrekt nennt man sie „indígenas", was übersetzt „Einheimische" bedeutet.

Äußerlichkeiten: In Mexiko kleidet man sich etwas konservativer als in Westeuropa. Männer sollten sich für einen dunklen Anzug bzw. für gedeckte Farben entscheiden, Frauen wählen am besten ein Kostüm, das etwas farbenfroher ausfallen darf. Hosen werden an Frauen weniger gern gesehen.

Es wird sehr viel Wert auf saubere Schuhe gelegt. Die können Sie aber ziemlich einfach bekommen:

Nutzen Sie die Dienste der Schuhputzer, die praktisch überall zu finden sind, bevor Sie einen Geschäftstermin wahrnehmen.

Begrüßung/Anrede: Was im Privatleben in Mexiko unüblich ist, wird auf der beruflichen Ebene praktiziert: die Begrüßung per Handschlag. Nennen Sie den Nachnamen Ihres Gegenübers. Bei Männern gehört ein „Señor", bei Frauen ein „Señorita" davor.

Titel sind wichtig und werden genannt. Das gilt vor allem bei Frauen, die im Geschäftsleben noch immer eine untergeordnete Rolle spielen und sich damit leichter behaupten können.

Das „Du" in Verbindung mit dem Vornamen wird angestrebt, ist jedoch ein Vertrauensbeweis, mit dem Sie nicht zu vorschnell bei der Hand sein sollten.

Bei Tisch: Mexikaner sind zwar höflich, aber eher temperamentvoll als manierlich. Es kann schon mal etwas derber zugehen. Warten Sie ab und passen Sie sich an. In einfachen oder sehr traditionellen Restaurants kann es beispielsweise gut sein, dass Sie die Soße mit der Tortilla aufnehmen dürfen.

Eine mexikanische Eigenart: Ein Salzstreuer wandert nie von Hand zu Hand, sondern wird nach Benutzung immer wieder auf den Tisch gestellt. Sie werden ihn aber ohnehin nicht brauchen, da sehr kräftig gewürzt wird.

Trinkgeld: In Restaurants sind 10 bis 15 % gang und gäbe. Taxifahrer werden belohnt, wenn sie besonders hilfsbereit waren, also beispielsweise auch das Gepäck getragen haben.

Im Übrigen erleichtern kleine Geldbeträge das tägliche Leben ungemein. Man nennt sie „mordida". Bieten Sie, wenn Sie Hilfe oder Unterstützung benötigen, nie von allein eine mordida an. Sie wird zwar nicht als Bestechung angesehen, ist jedoch wegen der Korruption nicht unproblematisch. Man wird Ihnen nahe legen, etwas zu geben, wenn es angebracht ist.

Einladungen: Mit Einladungen ist man schnell bei der Hand. Sie sind dann gültig, wenn sie ein zweites Mal ausgesprochen und Ihnen auch ein Termin genannt wird. Passiert das, dürfen Sie es als Zeichen einer guten Verbindung ansehen.

Bringen Sie der Dame des Hauses Süßigkeiten oder Blumen mit, für den Herrn dürfen es Spirituosen sein. Vergessen Sie auch die Kinder nicht!

Erscheinen Sie lieber ein wenig (bis zu einer halben Stunde) zu spät als auf die Minute pünktlich. Haben Sie eine schriftliche Einladung erhalten, auf der die Worte „etiqueta rigorosa" stehen, müssen Sie Abendrobe tragen. Dann ist es auch angebracht, ganz pünktlich zu erscheinen.

Geschäftsgebaren: Ganz wichtig ist ein persönliches Vertrauensverhältnis zwischen den Geschäftspartnern. Darüber hinaus ist Höflichkeit oberstes Gebot. Die kommt manchem Europäer vielleicht ein wenig übertrieben vor. Machen Sie es aber genauso: Bedanken und entschuldigen Sie sich lieber einmal mehr als zu wenig. Probleme werden nur „durch die Blume" angesprochen, möglichst unter vier Augen. Üben Sie keine offene Kritik. Wenn es gar nicht anders geht, stellen Sie die Schwierigkeiten in den Vordergrund, die für Ihr Unternehmen entstanden sind. Loben Sie aber immer gleichzeitig eine Leistung Ihres Partners.

> **INFO** ▶
> In Mexiko gibt man nicht gern zu, dass man etwas nicht weiß. Das betrifft den Job ebenso wie die Frage nach dem Weg. Falls Sie das Gefühl haben, jemand redet um den heißen Brei oder wirkt unsicher, fragen Sie dezent einen Zweiten.

Machen Sie während der Siesta zwischen 14 und 17 Uhr am besten keine Termine. Überhaupt ist der Zeitbegriff in Mexiko dehnbar. Wenn von „mañana" (also „morgen") die Rede ist, kann das auch „in der nächsten Zeit" bedeuten. Fragen Sie im Zweifelsfall nach.

Brasilien

Brasilien ist 24-mal so groß wie Deutschland. Amerikaner, Afrikaner, Europäer und Asiaten und deren Nachkommen leben hier recht friedlich und tolerant miteinander. Das heißt nicht, dass es keine Vorurteile gäbe. Aber die gute Laune lässt man sich einfach nicht verderben. Und nicht den grenzenlosen Optimismus. Brasilianer sind temperamentvoll, gastfreundlich und oft auch ziemlich cool.

Äußerlichkeiten: Auf der Straße werden Sie meist T-Shirts sehen. Im geschäftlichen Bereich halten Sie sich

an einen dezenten, nicht übertrieben bunten Business-Look. Das Jackett wird nur zum Essen, nicht aber während Konferenzen ausgezogen.

Begrüßung/Anrede: Begrüßen Sie Brasilianer mit festem Händedruck. Es ist auch möglich, dass es später zu Umarmungen kommt. Zur Anrede gehört das „Senhor" für den Mann und „Dona" für die Frau in Verbindung mit dem Vornamen. Üblicherweise geht man schnell zum „Du" über.

Bei Tisch: Messer und Gabel liegen genau entgegengesetzt zu der europäischen Anordnung. Das Naseputzen und die Benutzung eines Zahnstochers am Tisch schicken sich nicht. Verlassen Sie dazu den Raum.

Trinkgeld: Viele Dienstleister, wie z. B. Kofferträger, leben von Trinkgeldern. In Restaurants geben Sie am besten zwischen 10 und 15 %. Stehen schon 10 % Bedienungsgeld auf der Rechnung, runden Sie ruhig noch einmal ein wenig auf.

Einladungen: Was Gastgeschenke betrifft, können Sie sich an die für Mexiko gemachten Angaben halten. Gegeneinladungen in hochklassige Restaurants finden großen Anklang. Dafür kleidet man sich dann besonders elegant.

Gehen Sie mit Geschäftsfreunden essen, ohne dass es sich um eine ausgesprochene Einladung handelt, zahlt zunächst einer die Rechnung. Man teilt den Betrag dann zu gleichen Teilen unter den Anwesenden auf.

Geschäftsgebaren: Beachten Sie, dass die Amtssprache Portugiesisch ist. Als Geschäftssprache ist Englisch jedoch weit verbreitet.

Feilschen gehört zum Geschäft. Lassen Sie dafür von vornherein einen Spielraum. Vorausgesetzt, Sie bleiben immer freundlich und humorvoll, dürfen Sie in der Sache ruhig recht „stur" sein.

Achten Sie auf die Hierarchie und verhandeln mit dem, der auch Entscheidungsgewalt hat. Druck ausüben zu wollen nützt gar nichts. Lassen Sie dem Brasilianer Zeit, und vertrauen Sie auf sein sprichwörtliches Improvisationstalent. Probleme sind für ihn zum Lösen da.

Argentinien

Argentinier sind gastfreundliche, temperamentvolle Menschen. Die meisten stammen von Italienern und Spaniern, aber auch von anderen Einwanderern ab und pflegen ihre Wurzeln. Wundern Sie sich also nicht, wenn Sie plötzlich auf Italienisch, Französisch oder gar Deutsch angesprochen werden.

Äußerlichkeiten: In Argentinien ist man äußerst elegant. Zeigen Sie sich in der Geschäftswelt darum lieber etwas overdressed als zu einfach gekleidet.

Begrüßung/Anrede: Begrüßung und Anrede entsprechen denen in Mexiko. Titel sind von Bedeutung und sollten, wenn sie bekannt sind, erwähnt werden.

Trinkgeld: 10 % sind sowohl für den Kellner in Restaurant und Bar als auch für Taxifahrer oder Portiers richtig. Geben Sie lieber einmal mehr eine kleine Aufmerksamkeit. Viele Menschen sind darauf angewiesen.

Einladungen: Mit aufwändigen, eleganten Blumensträußen oder mit Pralinen liegen Sie richtig. Politik ist in Ar-

gentinien kein günstiges Gesprächsthema. Sprechen Sie lieber über Sport, das stößt immer auf Begeisterung.
Geschäftsgebaren: Hier können Sie sich ganz nach den für Brasilien geltenden Regeln richten.

Australien und Neuseeland

Sowohl Australien als auch das Nachbarland Neuseeland sind britisch geprägt. Sie werden auf ausgesprochen gastfreundliche, hilfsbereite und offene Menschen stoßen. Schwierigkeiten im Umgang gibt es eigentlich nur selten.
In Gesprächen sollten Sie das Thema „Ureinwohner des Landes" besser nicht anschneiden.
Äußerlichkeiten: Trotz des für Europäer gewöhnungsbedürftigen Klimas in Australien wird nicht auf Kostüm oder Anzug verzichtet. Nach Feierabend dürfen Sie aber ruhig legerer auftreten.
Begrüßung/Anrede: Vermutlich wird man Ihnen die Hand entgegenstrecken. Manchmal gibt es aber auch nur ein „Hi" mit Kopfnicken. Gerade unter Frauen ist der Handschlag in Australien nicht so verbreitet. In Neuseeland werden keine Unterschiede zwischen der Begrüßung einer Frau oder eines Mannes gemacht. Zunächst

spricht man sich mit vollem Namen an. Wie z. B. in Amerika beschränken sich dann aber alle rasch auf den Vornamen.

Bei Tisch: Eigentlich gibt es nur eine Besonderheit: Jeder lässt beide Hände so lange auf seinem Schoß liegen, bis alle zu essen haben. Wird die linke Hand nicht gebraucht, bleibt sie auf dem Schoß liegen.

Trinkgeld: Es gibt keine zwingenden Regelungen. Weder in Australien noch in Neuseeland wird Trinkgeld erwartet. Waren Sie zufrieden, können Sie sich aber mit den gängigen 10 % erkenntlich zeigen.

Einladungen: Nehmen Sie sich Zeit, Ihre Geschäftsfreunde außerhalb der Firma kennen zu lernen. In einer Bar oder einem Club haben berufliche Themen aber nichts zu suchen.

Gehen Sie davon aus, dass Sie – zumindest am Anfang – „nur" in Restaurants bzw. Clubs eingeladen werden. Lädt man Sie zu sich nach Hause ein, ist das bereits ein Freundschaftsbeweis. Blumen und Wein sind die klassischen Geschenke. Auch Schokoladenspezialitäten aus Europa kommen gut an.

Geschäftsgebaren: Der Umgangston bei Verhandlungen ist eher locker. Das soll Sie aber nicht darüber hinwegtäuschen, dass durchaus clever und sachlich verhandelt wird.

Register

Ägypten	103	**I**ndien	114
Algerien	102	Iran	93
Argentinien	156	Israel	90
		Italien	72
Baltikum	52		
Belgien	41	**J**apan	123
Brasilien	154		
Bulgarien	56	**K**anada	148
		Korea	137
China	118	Kroatien	54
Dänemark	63	**L**ettland	52
		Litauen	52
Estland	52	Luxemburg	44
Finnland	68	**M**alaysia	131
Frankreich	37	Marokko	101
		Mexiko	150
Griechenland	78		
Großbritannien	45	**N**amibia	110
		Niederlande	42
Hongkong	122	Nigeria	111
		Norwegen	67

Polen	49	**T**aiwan	142
Portugal	74	Thailand	133
		Tschechische	
Russische		Republik	51
Föderation	57	Tunesien	98
		Türkei	59
Saudi-Arabien	82		
Schweden	65	**U**ngarn	54
Singapur	139	USA	145
Slowenien	53		
Spanien	75	**V**ereinigte Arabische	
Südafrika	107	Emirate	87

Bildnachweis

Wir bedanken uns bei allen Firmen und Fotografen, die uns durch die Bereitstellung von Abbildungen freundlicherweise unterstützt haben.

Bilderbox: 12, 13, 23, 36, 104, 115, 122, 145, 149; **Henning Buchholz, Stockholm:** 7; **Luca Cinacchio, Italien:** 55; **Till Detmering, Darmstadt:** 118; **Marvin Galero, Philippines:** 124; **Susannah Huntington, London:** 99; **IFA Bilderteam:** 5, 9, 10, 82, 90, 108, 154; **Antje Ickler, Berlin:** 60; **Eric Jasso, United States:** 150; **Anna Lauk, Estland:** 52; **Roy Mattappallil, Dubai:** 88; **Nick Raven, United Kingdom:** 131; **Simone Simone, Italien:** 134; **Daniel V., Budapest:** 76; **Stefan Vogt, Viersen:** 110;